与圣贤有约丛书

与孔子有约

台湾师范大学国文系教授
朱荣智 著

走近圣贤
聆听智慧
感悟『仁爱之德』

山东城市出版传媒集团·济南出版社

图书在版编目(CIP)数据

与孔子有约／朱荣智著．—济南：济南出版社，
2015.8(2021.4 重印)
(与圣贤有约丛书)
ISBN 978-7-5488-1735-2

Ⅰ.①与… Ⅱ.①朱… Ⅲ.①孔丘(前551~前479)
—哲学思想—通俗读物 Ⅳ.①B222.2—49

中国版本图书馆 CIP 数据核字(2015)第 197126 号

出 版 人　崔　刚
责任编辑　冀瑞雪
装帧设计　张　倩

出版发行　济南出版社(250002)
地　　址　济南市二环南路1号
编辑热线　0531-86131747(编辑室)
发行热线　82709072　　86131747　　86131729　　86131728(发行部)
印　　刷　山东新华印刷厂潍坊厂
版　　次　2016年1月第1版
印　　次　2021年4月第5次印刷
开　　本　150 mm×230 mm　16开
印　　张　10
字　　数　160千
定　　价　28.00元

(济南版图书,如有印装错误,请与出版社联系调换。联系电话:0531-86131736)

自　序

有人说一个国家、一个民族，如果没有先进的科学技术，一打就垮，如果没有优秀的人文文化，则不打自垮。科技改善生活，人文提素养，18世纪英国产业革命以来，西方科技文明突飞猛进，日以千里，尤其近数十年来信息技术的发展，给予人类生活的重大改变是前所未有的，在以前是难以想象的，但是天下事一得一失，科技的发展，带给人类生活的便捷、富裕，却也造成自然生态的严重破坏和人性的湮灭。很多人一味追求财富，不惜牺牲个人的健康、亲情、友情与爱情，传统的道德观念也受到非常严峻的考验。在这种背景下，孔子的思想将发挥更加突出的作用。

孔子是世界公认的十大思想家之一，而且位居其首，也被列为世界四大圣人之一。孔子的思想博大精深，"至广大而尽精微，极高明而道中庸"。他是五千年中华文化的重要代表，也是我们中国人的骄傲。他的思想也对周边的东亚、东南亚国家产生了深远影响。日本近代实业界之父涩泽荣一(1840—1931)曾出版《论语与算盘》一书,提出伦理道德与经济发展的统一,即"富"与"仁","义"与"利"的统一。不合乎伦理道德的经济成就是不会长久的。他的理论对日本的现代化有很大的影响。

近几年韩国崔仁浩写的《商道》十分畅销,讲述了19世纪朝鲜大商人林尚沃一生的传奇经历。林尚沃本来只是一名杂货店的小伙计,后来经过艰苦奋斗,成为朝鲜最富有的商人。林尚沃的成功,受儒家讲诚信、重仁义的影响很大。

新加坡政府在李光耀总理执政的时代,把儒家思想列入中学课程。李光耀总理认为:"这样做的目的,是要在我们孩子的思想还未定型,而且可以熏陶时,把这些价值观念灌输给他们,以便这些处事待人的态度,能够在他们长大后,根深蒂固,终身不忘。"

孔子的思想不只影响了日本、韩国、新加坡,在西方国家同样有较强的影响力。1982年8月28日,美国旧金山侨界举行祭孔大典,孔德成先生担任正献官,有1200多位中美人士参加观礼。当时的美国总统里根专门派代表出席,并表示:"孔子对人类行为与伦理的标准,不但影响了中国人民,并且影响了全世界。他的教诲已一代接一代地流传下来,使世界获得了丰富的文化遗产。"美国加州州长布朗先生也赞誉孔子是一位伟大的教师,说他的教诲已使世界人民受益。

孔子的思想对中国学术与文化发展的贡献,是古今中外学者所公认的,其价值是永恒的。今天,人类的物质生活已经非常安逸、舒适、富足、康乐,但是人类的精神生活,却愈为忧虑、惶恐、紧张、不安。物质的满足,并不能填满人类内心的空虚,这是因为科技的发展,过分强调"尽物之性",忽略了"尽人之性",不知道只有"尽人之性",才能"尽物之性",人要役物而不役于物。

人生的存在,有种种的限制,人们有时会生活在充满贫乏、恐惧、不安的环境之中。那么,人要如何才能免于贫乏、恐惧和不安呢?人从物质上得到的满足,只能解决一时的问题、一部分的问题。而人从精神上得到解放,可以帮助人从被压迫的心灵中解脱出来,彻底解决人生所有的问题。

孔子的仁爱思想,从自爱而爱人,是达到个人幸福、家庭和睦、社会和谐的不二法门。本书 30 篇文章,以浅白的文字,从不同的层面解析孔子思想的精萃。希望本书能够成为年轻朋友学习孔子思想的基本途径。

目 录

大哉孔子 / 1

孔子的人生理想 / 6

孔子的人文关怀 / 11

孔子的天命思想 / 16

孔子的伦理思想 / 21

孔子的中庸之道 / 26

孔子的道一以贯之 / 31

孔子论君子 / 36

谦谦君子　温润如玉 / 40

孔子谈孝道 / 45

孝道以敬为主 / 50

孔子论仁德 / 55

仁者心中有大爱 / 60

孔子论智、仁、勇 / 65

孔子重义轻利 / 70

诚信是立业的基础／75

精神富贵才是真富贵／80

孔子论礼乐／85

孔子的教育理念／90

孔子的诗教／95

孔子与好学精神／100

孔子的言语教学／105

孔子的师生情谊／110

孔子的志向与理想／115

孔子论交友／120

孔子的日常生活／125

孔子的行政管理学／130

孔子的领导统御学／136

孔子的自得自足／142

孔子的执着精神／147

大哉孔子

孔子,名丘,字仲尼,周灵王二十一年(公元前551年)出生于鲁国陬邑昌平乡(今山东省曲阜市)。孔子是春秋时期著名的思想家、教育家及政治家,宋朝的儒家学者赞美孔子说:"天不生仲尼,万古如长夜。"孔子的学说有如日月经天,江河行地,影响非常深远,两千多年来一直是中华文化的重要支撑。

每一个历久不衰的伟大民族,都有其文化的特色和值得骄傲的民族精神。我们中华民族所赖以生存的精神支柱,就是以孔子为代表的儒家思想。

万世师表

孔子并不是天生的圣人,孔子和我们一样,也有各种各样的烦恼与痛苦,但他往往能以积极乐观的态度面对人生。孔子三岁丧父,家境贫困,但是他十分好学。孔子自述:"吾十有五而志于学。""十室之邑,必有忠信如丘者也,不如丘之好学也。"同时，孔子聪明睿智，他能超越个人的悲苦，为芸芸众生提供宝贵的人生智慧，让大众转悲为喜、转苦为乐。孔子周游列国的时候，很多隐士对孔子的评价是："知其不可而为之。"这反映了孔子不屈不挠、永不放弃的奋斗精神。孔子好学、睿智，意志坚定，这是其成为圣人的重要原因。

孔子55岁带领弟子周游列国，经历了14年的奔波，但他的政治理想没有受到诸侯国君的重用。于是，孔子在晚年专心于学术的研究和教育的工作，删《诗》《书》，订礼乐，赞《周易》，修《春秋》，最终成为一位非常了不起的学者，对中华文化的发展做出了十分杰出的贡献。而在教育方面，孔子更是倍受尊崇，被誉为"至圣先师""万世师表"。

美国当代史学家杜兰博士曾经写了《世界文化史》十巨册，在第一册《我们的东方传统》一书说："中国历史的形成，是受了孔子学说的影响，孔子的著述，历代相传，成为学校课本，所有儿童入学之后，即熟读其书，心领神会。这一古代圣哲所创的光明大道，灌输到全民族，使中国文化的强固，能历经外力入侵而巍然不坠，并使入侵者受其影响而改造。即在今日，犹如往昔，欲医疗任何民族因唯智主义教育，以致道德坠落，个人及民族衰弱，因而产生混乱者，最有效的补救之方，实无过于使青年们接受孔子学说的熏陶。"这一段话是对孔子思想价值很好的诠释。

仁者，爱人

孔子的思想，以仁为中心。那么什么是仁呢？《中庸·哀公问政》："子曰：仁者，人也。"简单地说，仁就是人之所以为人的道理，仁是仁德的总称。在《论语》中，论仁的有58章，仁字出现105次，可见孔子对仁的重视。孔子对仁的解释有很多，其中以《论语·颜渊》中"樊迟问仁。子曰：'爱人。'"最为简要圆满。仁是一个人人格圆满的表现，而人格必须在人群中才能呈现出来。一个能爱人的人，一定能够在集体中与别人维持良好的人际关系，一定能够时时关心别人、照顾别人、体谅别人、包容别人，也一定是具有良好品德的好人。

人生的痛苦，往往因为心里只有自己而没有别人。孔子非常了不起的地方，是他告诉我们做人的道理，懂得推己及人。一方面，"己欲立而立人，己欲达而达人"，人生在世不只要追求自己的成功，也要能够乐于助人。另一方面，"己所不欲，勿施于人。"一个人要有同理心，凡事能够感同身受，同苦共悲。因为乐于助人，就不会被忌妒、被伤害，而且心存感恩、感激，共同创造和谐富裕的社会；因为有同理心，自己不愿意吃苦，也不愿意别人吃苦，人与人之间，就不会互相争执、侵害，整个社会便充满和谐、幸福。

修己以安百姓

孔子的人生理想是"老者安之，朋友信之，少者怀之"。他所关心的是天下人、天下事，而不是一己之私。孔子的思想虽然是以修身为本，但其极致，是要由"修己以敬"，升华为"修己以安人"，最终实现"修己以安百姓"。熟读《论语》不只可以修身，而且可以齐家、治国、平天下。

英国学者李约瑟在其所著《中国的科学与文明》一书中，认为中国社会数千年来，虽有朝代的更替，外族的侵略，内乱的频仍，但是社会的基本形态是相当稳固的，这完全是因为中华文化有内在的稳固性，有其深厚的基础。李约瑟先生所谓的"深厚基础"，就是指孔子的儒家思想。

近代西方文明最大的成就，在于尽物之性，对于科技文明有高度的发展与贡献，但是西方文明高度的发展，也使世界变化日趋激烈，人性湮灭，使全体人类面临极大的危机。以孔子思想为基础的中华文化，长久以来最大的贡献，是尽人之性，强调以人为本，物为末，所以中华文化能够培养和谐的人生，实现人与自然的和谐共存。孔子的思想是中华文化珍贵的瑰宝，永恒的真理，我们应该努力将其发扬光大。

阅读省思：

1. 你能感受到孔子思想的伟大吗？
2. 你能怀着一颗仁爱的心去帮助别人吗？

孔子的人生理想

孔子的一生，志在淑世，虽然因为当时的国君都在追求富国强兵之道，孔子的政治理想并没有被接纳，但是他没有灰心。孔子晚年专心从事教育工作，他的学生有三千多人，身通六艺的有七十二人。《论语·先进》中子曰："从我于陈、蔡者，皆不及门也。德行：颜渊、闵子骞、冉伯牛、仲弓；言语：宰我、子贡；政事：冉有、季路；文学：子游、子夏。"后人据此，以为孔子只有这四类学生，称为"孔门四科"，而斐然成章的学生也只有这十人，这是不精确的。孔子博学多能，他的学生有平民，也有贵族子弟，有从政的，也有从商的，绝不仅限于以上四类。孔子对教育的贡献是极为突出的。

孔子的勤学与仁爱

《论语·学而》中子禽问于子贡曰："夫子至于是邦也，必闻其政，求之与？抑与之与？"子贡曰："夫子温、良、恭、俭、让以得之。夫子之求之也，其诸异乎人之求之与！"孔子的人格特质，除了子贡所描述的温和、善良、恭敬、节约、谦让，我们还可以归纳出勤学、仁爱两方面。

孔子的勤学，从他自述的"发愤忘食，乐以忘忧，不知老之将至"可以领略一二；孔子的乐观，则从"畏于匡""在陈绝粮"，以及在宋国差一点被桓魋杀害等危难，孔子一直抱持乐观的态度，令我们深有体会。孔子长相像阳虎，而阳虎曾经欺凌匡人，所以孔子经过匡地的时候，被匡人误以为是阳虎，围困了五天；孔子在陈国与蔡国之间绝粮，生活困顿，弟子都忍不住了，孔子却乐观地强调"君子固穷"。

孔子的仁心见于《论语·述而》："子食于有丧者之侧，未尝饱也。子于是日哭，则不歌。"孔子在丧家之侧，不忍心吃饱；当日参加丧礼悲哭，则不忍心再欢歌，可见其恻隐悲悯之心。另外，"子钓而不纲，弋不射宿"。孔子用钓竿钓鱼，不用渔网网鱼；孔子射鸟，也不射夜宿没有防备的鸟。孔子的爱心，不只施于一般人，也施于天地万物。

勤学与仁爱，是孔子一生的追求。

孔子博施于民而能济众

孔子的人生理想，是要能做到博施于民而能济众的"圣人"。孔子的人生理想，不只是追求自我修养的完备，而且要能普度众生，福泽遍及天下苍生百姓，所谓"穷则独善其身，达则兼善天下"。孔子要使全天下的老年人都能得到赡养，朋友之间都能以诚信相待，年少的人都得到关怀照顾，这是何等高尚的胸襟与抱负，这正是他"博施于民而能济众"的写照。

子不语怪、力、乱、神

据《论语·述而》记载："子不语怪、力、乱、神。"孔子一生最关注的是人的问题，很少谈论鬼神。孔子弟子子路问鬼神，孔子回答说："未能事人，焉能事鬼？"子路又问死亡的事，孔子说："未知生，焉知死？"可见孔子所关心的是一个活生生的人如何生存，如何追求生命的意义与价值，以及如何与别人相处，如何贡献所学、服务社会人群等一系列相关的问题。

孔子很少谈人性。孟子主张性善说，荀子主张性恶论，孔子则不谈人性善恶的问题，他只说："性相近，习相远也"。人性是相去不远的，只是后天的习染、影响，使很多人的生活产生天壤之别。《孟子·告子》中引《诗经·烝民》诗："天生烝民，有物有则,民之秉彝,好是懿德。"并引用了孔子对这几句诗的评价:"为此诗者,其知道乎?故有物必有则,民之秉彝,故好是懿德。"孔子同意向善是人类的本性,因为人有一颗向善的心。肯定人性的尊严,对于世人奋发努力,积极作为,有极大的鼓励作用。

孔子鼓励大家做"成人"

孔子鼓励大家做一位仁者,他说:"仁远乎哉?我欲仁,斯仁至矣!"做一位仁者并不难,只要有心就有力,不必舍近求远,更不能舍本而逐末。"君子无终食之间违仁,造次必于是,颠沛必于是。"一个人无论在得意的时候,还是失意的时候,甚至是颠沛流离,非常困顿的时候,都不能没有仁德。

君子是指才德兼备的人,君子有三戒、三畏、九思。君子的"三戒"是"少之时,血气未定,戒之在色;及其壮也,血气方刚,戒之在斗;及其老也,血气既衰,戒之在得"。"三畏"是畏天命、畏大人、畏圣人之言。"九思"是指视思明、听思聪、色思温、貌思恭、言思忠、事思敬、疑思问、忿思难、见得思义。三戒、三畏、九思,都是个人立身处世必备的修养。

孔子的人生理想,是在追求一个圆满的人生,做一位智者、仁者、勇者。"智者不惑，仁者不忧，勇者不惧。"为什么"智者不惑"呢？智者洞见事理，明辨是非，故不惑；为什么"仁者不忧"呢？仁者宅心宽厚，善待别人，故不忧；为什么"勇者不惧"呢？勇者见义勇为，当仁不让，故不惧。一个人能成为智者、仁者、勇者，当然是人生最崇高的理想，是人格最成熟的表现。

孔子的人生理想，是要地道地做一个人，孔子称之为"成人"。所谓成人，是指成德之人，而不只是具备五官、四肢形体的人。人在天地间不是独立存在，人如何对待自己，如何对待别人，如何与集体维持和谐圆满的关系，这些都是非常重要的。齐景公问政于孔子，孔子说："君君，臣臣，父父，子子。"每个人生活在这个世界上都有自己的角色，如何扮演好自己的角色，是人生最重要的课题。孔子的人生理想，给了我们很多的启发。

阅读省思：

1. 你的人生理想是什么呢？
2. 你要如何才能实现你的人生理想呢？

孔子的人文关怀

中华文化源远流长,博大精深,是我国立国精神之所寄,也是国脉民命之所系。中国人创造了中华文化,中华文化更孕育了中华儿女的民族性格。中国传统文化的特色,在于强调以人为本,这个观念的建立,来自孔子的人文思想。中国传统文化以儒家思想为主流,而孔子是儒家思想的代表。换言之,孔子的人文关怀是中国传统文化最为突出的特质。

人文与科技

18世纪工业革命以来,科技的快速发展,带动人类生活的重大改变与改善。各种高科技产品的发明与运用,以机器代替人力,提升了生产的质与量,对人类的物质文明做出了很大的贡献。不过,人类的生活,除了追求物质的满足与享受外,还有精神上的需求,譬如爱的需求、被尊重的需求、被社会接纳的需求,以及自我理想的实现。这些方面的需求,不全是像物质一样可以一一取得，而是要从心灵上得到平和、愉悦、认同、提升。钱可以买很多东西，但不能买一切东西。人从物质上得到的满足，只是一时的、短暂的，因为物质的欲望，永无止境，没有求有，有求多、求好、求更多。人只有从内心得到自由开放、自得自足，才能获得真正的、持久的快乐与幸福。

鸦片战争之后，中国门户洞开，很多人鉴于外国船坚炮利对国家的伤害，提出"中学为体，西学为用"的口号，甚至推崇"德先生"（Democracy）、"赛先生"（Science），要求"打倒孔家店"，孔子的思想被视为阻碍中国现代化的主因。其实，发展科技与提倡人文是不冲突的，"科技始终来自于人性"，不只是一句广告词，更是科技所应追求的目标。物是为人所用的，科技是为满足人类需求而不断发展的。

孙中山先生讲民族主义的时候，一再强调，我们要恢复民族的地位，除了大家联合起来做成一个国族团体之外，最重要的就是要把旧道德中有益的部分恢复起来。他说："一般醉心新文化的人，便排斥旧道德，以为有了新文化，便可以不要旧道德。不知道我们固有的东西，如果是好的，当然要保持，不好的才可以放弃。"孙中山先生的见解非常正确。

儒家思想的价值

以孔子为代表的儒家思想，顺乎天，应乎人，"致广大而尽精微，极高明而道中庸"，是"放诸四海而皆准"的。1982 年 8 月 28 日，美国旧金山侨界举行祭孔大典，孔子第 77 代嫡孙孔德成先生应邀担任正献官，中美人士 1200 多人参加，当时的美国总统里根专门派代表参加，并表示："孔子对人类行为与伦理的标准，不但影响了中国人民，而且影响了全人类。他的教诲，已一代接一代地流传下来，使世界获得了丰富的文化遗产。"

孔子思想是东方文化的代表，我们的近邻日本、韩国都深受儒家思想的影响。新加坡政府更把儒家思想纳入中学课程，前总理李光耀曾说："这样做的目的，是要在我们的孩子的思想还未定型，而且可以熏陶时，把这些价值观念灌输给他们，以便这些处世待人的态度，能够在他们长大后，根深蒂固，终身不忘。"

修身、齐家、治国、平天下

孔子的人文关怀，大体而言，可以从修身、齐家、治国、平天下四个维度展开论述。孔子谈修身的道理，首先就是要立定志向。孔子说："君子谋道不谋食。耕也，馁在其中矣。学也，禄在其中矣。君子忧道不忧贫。"君子立志于修道、行道，对于物质生活是否安逸舒适，并不在意，孔子自己是将"不义而富且贵"，视之如浮云。孔子谈个人的修养，强调谨言慎行。孔子说："古者言之不出，耻躬之不逮也。"子张问行事之道，孔子回答说："言忠信，行笃敬。""言忠信，行笃敬"，这是一个人立身的根本。再者，孔子主张"见得思义""见利思义"。义是一个人的行为准据，一个人如果凡事以利为出发点，结果势必招惹怨怒，所以孔子说："放于利而行，多怨。"当然，孔子也主张中道而行，"过犹不及"，"子绝四：毋意、毋必、毋固、毋我"。孔子告诉我们要戒绝妄臆的心、执必的心、固持的心、私我的心。

齐家之道，不外乎父慈、子孝、兄友、弟恭，而孝顺父母是最为重要的方面。"父母唯其疾之忧"，父母爱护子女无微不至，父母之恩，为人子女当然要尽心尽力报答，"入则孝，出则悌"，儿女孝顺父母，不在口体之养，最重要的是敬心与顺意。"子游问孝。子曰：'今之孝者，是谓能养，至于犬马皆能有养，不敬，何以别乎？'""子夏问孝。子曰：'色难。有事弟子服其劳，有酒食先生馔，曾是以为孝乎？'"行孝当及时，子女孝顺父母，是一辈子的责任。

治理国家，安抚天下百姓，孔子主张法先王、正名分。孔子曾经感叹说："甚矣吾衰也！久矣！吾不复梦见周公！"周公制礼作乐，对中华文化的发展贡献很大，孔子说："周监于二代，郁郁乎文哉，吾从周。"孔子以继承周代道统自居，对"先王"极为推崇。其次，孔子主张正名分，"君君，臣臣，父父，子子"。每个人谨守本位，才能使国家安定，社会和谐。至于施政的原则，则是要以德服人，宽厚爱民。

君子之道，造端乎夫妇

《中庸》说："君子之道，造端乎夫妇。"夫妇为人伦之始，有夫妇才有父子、兄弟、朋友、君臣。孔子对夫妻关系的论述，集中体现在《中庸》当中："妻子好合，如鼓琴瑟。""宜尔室家，乐尔妻帑。"夫妻的和乐，要像弹奏琴瑟一样调谐，家庭和睦，妻儿都能很快乐。这也是孔子人文关怀的重要组成部分。

阅读省思：

1. 你是如何理解科技的作用的？
2. 你的修身准则是什么？

孔子的天命思想

孔子自述："五十而知天命。"什么叫天命？在中国传统文化中，天、命、天道、天命等词，意思都相通、相近，有时指无意志的天道、自然的规律，有时指有意志的上天、天帝，在有意志的上天的含义下，天命指的是上天的旨意。孔子从"十有五而志于学""三十而立""四十而不惑"，以至"五十而知天命"，五十岁之前是修道的过程，五十岁之后则是悟道的过程。人生至此，智慧已经十分通达，举手投足，顺乎天，应乎人，不管是困厄还是显达，都要能够顺其自然。人生得失无常，祸福无门，所谓"死生有命，富贵在天"，凡事不可强求。

知其不可而为之

孔子自述"知天命"，意思是说知道自己是上天所命，天命难违，一方面对于贫富穷达，随缘自在，"富贵如可求，虽执鞭之士，吾亦为之；如不可求，从吾所好""饭疏食，饮水，曲肱而枕之，乐亦在其中矣"。另一方面则有强烈的使命感与责任心。楚国隐者长沮、桀溺曾讥刺孔子，"滔滔者，天下皆是也，而谁以易之"。天下滔滔，谁能改变这种局面呢？孔子说："鸟兽不可与同群！吾非斯人之徒与而谁与？天下有道，丘不与易也。"人不可能跟山林的鸟兽同群！我不跟世人生活在一起，跟谁在一起呢？天下如果太平的话，孔子也就不会出来改变这局势了，正是强烈的使命感和责任心促使孔子"知其不可而为之"。

祭如在，祭神如神在

据《论语·述而》记载："子不语怪、力、乱、神。"孔子其实是敬鬼神而远之。孔子说："非其鬼而祭之，谄也。"又说："祭如在，祭神如神在。子曰：吾不与祭，如不祭。"孔子对鬼神心存敬畏。中国传统对于鬼神，都是抱持敬畏的心理。

子路问事鬼神，孔子说："未能事人，焉能事鬼神？"子路又问死，孔子说："未知生，焉知死？"孔子的思想，是入世，而不是出世，所以他不谈死后会如何的问题。他只谈作为一个活生生的人，应该如何好好做一个人，"修己以敬""修己以安人""修己以安天下"，由修己而后齐家、治国、平天下。

人在做，天在看

孔子所谓的天命，有时指自然天道的运行，有时也指上天的旨命。前者如"大哉，尧之为君也，巍巍乎，唯天为大，为尧则之"，以巍巍崇高的上天比拟尧的伟大。有一天，孔子对弟子们说："予欲无言。"子贡说："子如不言，则小子何述焉？"孔子说："天何言哉？四时行焉，百物生焉，天何言哉？"天理无声无息地运行，不待言说而自然昭著，万物的生生不息，都是依照一定的规律运行而已。

天命无常，孔子对此有很深刻的理解。孔子69岁时，他唯一的儿子孔鲤去世了，过了两年，他最得意的弟子颜渊也死了，可以想见孔子内心的悲痛。"颜渊死，子曰：'噫！天丧予，天丧予。'"人在万分悲痛的时候，就会呼天抢地，抱怨天命。当弟子冉伯牛重病时，孔子去探望他。孔子从窗外握住冉伯牛的手，叹息着说："亡之，命矣夫，斯人也而有斯疾也，斯人也而有斯疾也"。无限的哀伤，正因为天命难测、天命难违。

孔子畏天命

孔子说："君子有三畏：畏天命、畏大人、畏圣人之言。小人不知天命而不畏也。狎大人，侮圣人之言。"孔子对天命的敬畏，从《论语》一书中，有多处可见。《八佾》篇："获罪于天，无所祷也。"得罪了上天，到什么地方去祷告都没用。《子罕》篇："吾谁欺？欺天乎？"孔子病重，子路派同学当孔子的家臣，孔子知道了之后，说："我没有家臣，却假装有家臣，这是欺骗的行为。"《雍也》篇："子见南子，子路不说。夫子矢之曰：予所否者，天厌之，天厌之。"南子是卫灵公夫人，孔子去见南子，子路不高兴，孔子发誓说："我如果做了不合于礼法的事的话，天会厌弃我！天会厌弃我！"孔子是很谨慎的人，为了表示他去见南子没有做不合于礼的事，竟然对天发誓，这恰恰反映了他对天命的敬畏。

孔子说："不知命，无以为君子。"俗话说："万般皆是命，半点不由人。"人生有些事是可以自己做决定的，有些事是不能自己做决定的，人生的道路不会永远平坦顺遂，人生不是想怎么样就能怎么样，人生往往是想怎么样而不能怎么样，我们必须逆来顺受。一个成功的人，永远对天命保持敬畏的心，人在做，天在看，没有敬畏天命的心，就会心存傲慢、狂妄、目空一切，而缺少谦虚、谨慎；没有敬畏天命的心，就没有约束自己行为的规范,就会与君子之道背道而驰。

《尚书·汤誓》:"有夏多罪,天命殛之。"《左传·宣公三年》:"楚子问鼎,王孙满曰:周德虽衰,天命未改。鼎之轻重,不可问也。"由此可见,在孔子之前,对天命已有很明确的理解,在天道规律的运行之外,也指一个冥冥之中主宰天地万物的上天,一个有神格的上天。世事无常,人难掌握,古人将其归为天命。孔子知天命,显示了孔子的自觉自得,孔子生当衰周之世,圣王明君久不作矣,"道之将行也与,命也;道之将废也与,命也"。孔子以天命自居,为自己"知其不可而为之"的精神找到了合理的依据。

阅读省思:

1. 你相信天命吗?
2. 你能知命而不认命吗?

孔子的伦理思想

每一个历久不衰的伟大民族，都有其独有的文化特色和值得骄傲的民族精神，我们中华民族所赖以生存的精神依据，就是以孔、孟思想为核心的传统文化。西方文化与东方文化最大的差异，就是西方人强调个人主义，东方人重视家庭制度。西方人从小就要学习独立生活，年满18岁以后，父母就不再呵护、照顾。当然，父母年老了，也大多靠自己的退休金和政府的社会福利生活，而不是依赖于儿女的孝敬。中国人自古以来，非常重视伦理思想，"父子有亲，君臣有义，夫妇有别，长幼有序，朋友有信"。古代的中国人把所有的人际关系，归纳为五伦，即君臣、父子、夫妇、兄弟、朋友，而有所谓的"三纲""五常"的伦理观念，即"三纲者，君为臣纲，父为子纲，夫为妻纲。五常者，仁、义、礼、智、信"。以五常推动三纲的关系。父慈、子孝、兄友、弟恭，家庭安详和乐，奠定社会和谐、国家安定的基础。中华民族所以能够屹立数千年，孔、孟的伦理思想贡献很大。

孔子的伦理思想，以仁为中心

孔子的伦理思想，以仁为中心。仁是人德的总称。樊迟问仁，孔子回答说："爱人"。没有一个人不爱自己，一个人能够以爱自己的心去爱别人，就是仁者。爱是人类最珍贵的财富，因为有爱，所以有情侣、夫妻，因为有夫妻的结合，所以有父子、兄弟、姐妹等亲属关系，在社会上有同事、长官、部属的工作伦理。爱是信心，爱是力量，爱是人与人之间的坦诚相待，爱是生命迸发出来的熊熊烈火，因为有爱，人生才显得丰富多彩。

孔子所主张的伦常关系，是"君君、臣臣、父父、子子"。齐景公听了孔子这一番话，说："善哉，信如君不君，臣不臣，父不父，子不子，虽有粟，吾得而食诸？"治国之道，在于明人伦，每个人都有自己的角色与责任，如果每一个人都不能明白自己的角色，不能尽到自己的责任，必然天下大乱，没有一个人能够安心生活。

子路说："卫君待子而为政，子将奚先？"孔子说："必也正名乎！"名分是很重要的，不仅治国之道如此，一切的人际关系都是如此，因为"名不正，则言不顺；言不顺，则事不成"。我们每个人都应该做自己本分的事，"不在其位，不谋其政"。子女孝顺父母是天经地义的事,"事父母几谏;见志不从,又敬不违,劳而不怨"。父母若是犯了错,子女应该委婉规劝。"信而后谏,未信,则以为谤也。""忠告而善道之,不可则止,毋自辱焉。"对待上级、朋友,也应当以恰当的方式提供建议、劝告,不要因为方式不当自讨没趣,自取其辱。

孔子的伦理思想以人性为基础,以修身为精神

孔子的伦理思想是以人性为基础,主张顺应人性,提升人性的价值。子贡说:"夫子之文章,可得而闻也,夫子之言性与天道,不可得而闻也。"孔子很少谈人性的问题,他并没有提出人是性善或是性恶,只说:"性相近,习相远也"。在《孟子·告子》篇中,对于《诗经·烝民》:"天生烝民,有物有则,民之秉彝,好是懿德"几句诗,孔子说:"为此诗者,其知道乎?故有物必有则,民之秉彝也,故好是懿德。"可见孔子主张向善是人类共同的心理。

孔子的伦理思想是以修身为精神。《大学》曰:"自天子以至于庶人,壹是以修身为本。"孔子的人生理想,就是要人好好做一个人,也就是"成人"。那么,什么是"成人"呢?"见利思

义，见危授命，久要不忘平生之言，亦可以为成人矣。""君子义以为质"，一个讲义、守信，遇到危难，能交出自己的生命，这样的人就是"成人"。

孔子的伦理思想以道德为内涵，以济世为目标

孔子的伦理思想是以道德为内涵。孙中山先生曾说："有道德始有国家，有道德始成世界。"一个人的成败，一个家庭的盛衰，一个国家的兴亡，尽系于道德，道德的重要，由此可见。孔子的仁爱思想是任何一个人立身处世的根本。孔子自述："三十而立。"除了一般的理解，孔子在三十岁就能卓然自立，我们也可以延伸其理，一个人在三十岁以前要学习如何成就自己，三十岁以后要学习如何造就别人，也就是孔子所谓"立己立人""己欲立而立人，己欲达而达人"的思想。

孔子的伦理思想是以济世为目标。孔子的一生，不只是独善其身，而且立志兼善天下，能够实现"大道之行也，天下为公"的目标。孔子的志向是要"老者安之，朋友信之，少者怀之"。普天下的老年人都得到赡养，所有的朋友都能以诚信相待，所有的小孩子都能得到抚养照顾，也就是《礼记·礼运》所描述的理

想世界:"人不独亲其亲,不独子其子,使老有所终,壮有所用,幼有所长,鳏寡孤独废疾者皆有所养。"孔子一生汲汲而行,足迹遍布各个诸侯国,目的就是淑世、济世。

孔子的伦理思想,强调以人为本

　　孔子的伦理思想,强调以人为本,追求个人的幸福、家庭的温馨、社会的和谐、国家的强大。西方的文化在带动科技发展,改善世人的物质生活环境,提供优渥的物质享受的同时,也在某种程度上造成道德滑坡,精神偏枯,很多人因为过分沉迷于奢华的物质生活,而产生各种淫荡暴乱的行为,造成社会秩序的紊乱。尤有甚者,多元的社会体制,使传统的道德观念受到非常严峻的考验,中国自古以来代代相传的家庭伦理思想,受重视程度已不大如前,可以说是当前社会的极大危机。如何发扬中华传统美德,重振中华优秀传统文化,是我们每一个中华儿女共同的责任。

阅读省思:

1. 你认为孔子伦理思想的价值是什么?
2. 我们应该如何加强伦理思想的培养呢?

孔子的中庸之道

中庸之道是孔子的重要思想，孔子说："中庸其至矣乎，民鲜能久矣。"中庸的道理是很伟大的，而人们很少能做到。为什么呢？在探索这个问题之前，我们必须先了解中庸之道的内涵。

宋代大儒程颐说："不偏之谓中，不易之谓庸。中者，天下之正道；庸者，天下之定理。"中，就是不偏，不偏于左，不偏于右；不偏于上，不偏于下；不偏于前，不偏于后；为人处世恰到好处，叫作中。中无定点，唯求其当。中，不是一分二为中，而是恰到好处为中。比如两个人吃饭，一个人一顿饭要吃两碗饭，一个人一顿饭只吃半碗饭，那么要做到"中"，就不是两个人各给一碗饭，而是给需要两碗饭的人两碗饭，给需要半碗饭的人半碗饭，使两个人都恰到好处。

惟精惟一，允执厥中

中庸的思想，源于中国古代一脉相传的道统。尧以"允执厥中"四字心法传给舜，舜推衍为"人心惟危，道心惟微，惟精惟一，允执厥中"十六字，传授给禹。"允执厥中"四个字的意思是处理任何一件事，都要秉持中庸之道的原则。天下事一得一失，有得必有失，得失互见。我们如何在面临抉择时，两利相权取其重，两弊相衡取其轻，需要高明的智慧。人生活到老，学到老，我们不能以18岁的经验去应付19岁的生命，面对19岁的人生，我们仍然需要重新学习。

孔子说："君子中庸，小人反中庸。君子之中庸也，君子而时中；小人之反中庸也，小人而无忌惮也。"君子处世，有所为有所不为，该做的才去做，不该做的就不做；什么事该做、什么事不该做，能谨守中庸之道。小人处世则无所不为，该做的做、不该做的也做，肆无忌惮，非常放肆。

在日常生活中，我们有时会做过头，有时又会做得不充分，很少能够恰到好处，合乎中道。子贡曾问孔子："子张和子夏两个人，谁更贤德呢？"孔子说："子张做事常做过头，子夏又常有所不及。"子贡接着说："是不是子张比较贤明呢？"孔子说："过与不及一样不好。"子张与子真的区别在于，子张是"见危授命"，见到危险，就奋不顾身去做，所以事情常做过头；子夏为人谨慎笃学，做事常会有所不及。

孔子教育学生，常能因材施教，子路问："闻斯行诸？"意思是听到一件合于义理的事就要去做吗？孔子说："有父兄在，如之何其闻斯行之？"冉有也问同样的问题，孔子的回答则是："闻斯行之。"因为"求也退，故进之；由也兼人，故退之"。冉有个性保守，孔子鼓励他要积极进取；子路争强好胜，孔子便劝他宽容忍让一些。

孟子赞美孔子是"圣之时者也"。原因即在于孔子做事与时偕行，合乎中庸。"孔子去齐，接淅而行。"孔子要离开齐国的时候，内心很急切，米洗好了，来不及煮熟就走人。而到了离开鲁国的时候，"去鲁，迟迟而行"。因为鲁国是父母之国，内心不舍。孔子的中庸思想，强调的是基于理性智慧的抉择，力求圆满完善，而不是消极地妥协退让，不是走中间路线，更不是畏首畏尾，不敢负责任。中字的真义，是孔子所说的"君子和而不流，强哉矫！中立而不倚，强哉矫！国有道，不变塞焉，强哉矫！国无道，至死不变，强哉矫！"中庸体现了刚毅果敢的品质与坚强的志节。

中是动的，不是静的

中是动的，不是静的；是发展的，不是停滞的。中，不是固执于一点，而是与时偕行，与时俱进。孔子说："毋意，毋必，毋固，毋我。"能够做到不妄猜臆，不坚执己见，不固持拘泥，不偏私自我，就是中庸之道的精神。

凡事过犹不及，久不下雨，造成干旱；长久下雨，造成水患。维生素、矿物质、钙片等，适量吃有益健康，吃过量则伤身体。孔子说："唯酒无量，不及乱。"酒喝半醉时，花开半盛时，留有余地，美景可待。人生的好处不能急于享尽，细水长流，才能绵延不绝。船帆半张，才不会颠覆；马缰不要拉太紧，才能稳定。物戒太盛、太满，物极必反，乐极则生悲。

宇宙万象一直在发展

宇宙的运行，无穷无尽，它始终处在从一个中和的状态趋向另一个中和的状态。人类文明的发展也是如此。人类的进步，不是直线的，而是常常在两极之间变动，人生的得得失失，如同钟摆一样，摆荡不定。我们常说："计划赶不上变化。""万事俱备，只欠东风。"而当东风真到来的时候，前面的布局又会有变化，就因为如此，我们要随时调整脚步，调整策略，因应趋势的发展,以中庸之道权衡利害得失。

中庸之道是一个人立身处世的基本原则,也是所有成功者的秘密武器。做人不能没有原则,但是做人不能只讲原则不讲变通,这是做人的大原则。该要有原则的时候,一定要坚守原则;需要变通的时候,要能因时制宜,守经达变。

我们常被自己设定的规则禁锢

我们常常会被自己设定的规则限制住,放宽心胸看待万事万物,人生实在没有什么非如何、非不如何的事。肚子饿了要吃东西,没有说非吃什么不可,可以吃面条、面包、馒头、包子,吃的菜也并不是非鱼肉荤食不可,青菜也很营养;中午吃饭,也没有规定一定要在十二点钟,而不能提前或延后一点。做事有弹性,天地更宽广,而最重要的是要学习孔子的中庸之道,进退、取舍之间,顺应形势的发展,不断调整策略。

阅读省思:

1. 你做事能谨守中庸之道吗?
2. 你会为生活的忙乱而烦恼吗?

孔子的道一以贯之

孔子说:"吾道一以贯之。"那么,孔子的"道"是什么呢?在《论语》一书中,有多处提到"道"字,有的借用为引导、治理,当动词用;大多数是作为名词使用,有解作道路的,有解作天道的,也有解作治国之道的,更多的是解作做人之道。子不语怪、力、乱、神,孔子教育学生,除了告诉学生如何当官和在邦有道、邦无道时如何自处之外,最重要的是要如何好好做一个人,从修身开始,然后才能齐家、治国,最终实现平天下。

道的本义

对于"道"的本义,东汉许慎《说文解字》的解释是:"道,所行道也,从辵首。"道从辵,道的本义是人所行的路;道从首,首是面之所向,行之所达,是人所行的目标。道的本义是路,引申为人生所应行之路;道另外一个意义是理,引申为人生所应循之理。人生何去何从?我们每天早上起床一睁开眼,就要自问：我今天要做什么？该做什么？这就是道。走路、开车，遵守交通规则；打球、跑步，遵守游戏规则，这也叫道。

儒家讲道，道家讲道，佛家也讲道，基督教、天主教、伊斯兰教同样讲道。在哲学家的眼中，道是一个抽象的概念，包括宇宙生命的原理，以及做人做事的道理。

孔子的道，包含着多层意思，"道听而途说""任重而道远"的"道"，是指路途；"邦有道，邦无道""天下有道、天下无道"的"道"，是指政治清明、遵守法度；"父之道""先王之道""君子之道"的"道"是指做人做事、修养、治国的道理；"志于道，据于德，依于仁，游于艺""朝闻道，夕死可矣""吾道一以贯之"的"道"，则是人生所应理解、具备的人格修养。

道与责任

子贡说："夫子之文章，可得而闻也；夫子之言性与天道，不可得而闻也。"孔子教育学生，很少谈性与天道，性与天道都是抽象的理念，幽微深奥，孔子只要每一个人平平实实做人，尽到自己的本分。

孔子教育学生，要"志于道，据于德，依于仁，游于艺"。

唐朝韩愈《师说》一文也说："师者，所以传道、授业、解惑也。"都在强调"道"是立身之本。什么是孔子所说的道呢？齐景公问政于孔子，孔子回答说："君君，臣臣，父父，子子。"国君要像国君的样子，臣子要像臣子的样子，父亲要像父亲的样子，儿子要像儿子的样子。每个人都应扮演好自己的角色，承担起自己的责任，否则，就会家庭不安、社会动荡、天下大乱。

那么，国君的责任是什么呢？鲁定公问孔子："君使臣，臣事君，如之何？"孔子回答说："君使臣以礼，臣事君以忠。"这是君臣相处之道。而父子、兄弟之间的家庭伦理，当然就是父慈、子孝、兄友、弟恭，这是家庭相处之道。

道是一个人的行为准则

道是一个人的行为准则。天道也是道，孔子说："朝闻道，夕死可矣！"这里的"道"，应该不只是为人处世之道，还包括天道。孔子对天道有很深刻的论述，曾说："天何言哉？四时行焉，百物生焉，天何言哉？"天道的运行，循环不已；天生万物，为而不恃，功成不居。一物有一物的理，一事有一事的理，我们只要效法天道，顺应自然，依理而行，行为就会有依据，行事就不会违背常理。

孔子说:"富与贵,是人之所欲也,不以其道得之,不处也;贫与贱,是人之所恶也,不以其道得之,不去也。"这其中的"道"字,指的是正确的方法。大家都喜欢富贵,但是不可以用不正当的方法取得富贵;贫贱是大家所讨厌的,但是不可以用不正当的方法丢弃。富贵、贫贱的取舍,应以义为依据。孔子说:"不义而富且贵,于我如浮云。"又说:"士志于道,而耻恶衣食者,未足与议也。"

孔子说:"君子之于天下也,无适也,无莫也,义之与比。"君子对于天下事,没有一定如何,一定不如何,都以合不合于义为依据。孔子所谓"守死善道",就是一个义字。有人问孔子:"以德报怨,何如?"孔子回答说:"何以报德?以直报怨,以德报德。"孔子的回答,就是符合正道的,也就是合于义的。如果以德报怨,那么该如何报德呢?不能以德报怨,而应当以直报怨。

夫子之道,忠恕而已

有一天,孔子对曾参说:"我的许多道理可以用一句话贯串起来。"曾参说:"是的。其他的弟子不明白这个道理,曾子说,老师的道,就是忠恕二字。"尽己谓之忠,推己及人谓之恕。不论是做人还是做事,对上对下,与平辈交往,都应该真心诚意。与人互相往来,要有同理心,凡事不能只从自己的角度看问题,也要能从别人的角度看问题。《大学》:"君子有诸己,而后求诸人;无诸己,而后非诸人。"自己做得到的事,才要求别人;自己没有缺点,才可以去指责别人不好的地方。执政者要能做到"民之所好好之,民之所恶恶之",一切以民意为依归。

《大学》:"君子有絜矩之道。所恶于上,毋以使下;所恶于下,毋以事上;所恶于前,毋以先后;所恶于后,毋以从前;所恶于右,毋以交于左;所恶于左,毋以交于右。"人人推己及人,自然能够家庭和睦、社会和谐、国家兴盛。

阅读省思:

1. 你平时能设身处地地替别人着想吗?
2. 你能经常反省自己的行为是否何合乎正道吗?

孔子论君子

孔子弟子司马牛问:怎样才能成为君子?孔子回答说:"君子不忧不惧。"司马牛不懂,孔子又说:"内省不疚,夫何忧何惧?"君子仰不愧于天,俯不怍于人,问心而安,当然能做到不忧不惧。做人最重要的是要能求得一颗安定的心,平生不做亏心事,半夜不怕鬼敲门。我们不作奸犯法,违法乱纪,怎么会担心有人来找麻烦呢?

人生无常,泰然处之

胸怀坦荡,生命就不会有无力感。纵观古今中外所有能够成就大事业的人,除了有不凡的气度、坚强的毅力,还都具有坦荡的精神。俗话说:"做事难,做人更难。"其实,做人并不难,不管是做人还是做事,都要有圆融的智慧,通达的胸襟,要坦然面对人生的无常、无奈。人生的旅途是单向的,没有返程票,不管是王侯将相、巨商大贾,还是普通百姓、贩夫走卒,众生平等,走到生命的终点,一切全都归零。苏轼《临江仙》词:"长恨此身非我有,何时忘却营营。"表达的正是对人生无常的无限感慨。

人生是一次无法回头的旅行，我们与父母、兄弟姐妹、亲朋好友、领导部属，都是有缘同坐一次班车的人，有人先上车，有人后上车，有人先下车，有人后下车，先上车的人未必先下车，后上车的人未必后下车，同时上车的人也未必同时下车。美国苹果创始人乔布斯说："我们总有互相道别的时候。"我们中国人也说："天下没有不散的筵席。"我们要坦然面对人生，以坦荡的胸怀面对人生的聚散。

人生如潮水起起伏伏

人生如潮水，潮水有涨有落，人生有得有失，君子坦坦荡荡，磊磊落落，能够以平常心看待人生的得失。有高山就有深谷，得与失是相对而不是绝对的，是得是失，在短时间内往往很难有定论，正所谓"塞翁失马，焉知非福"，小得之后也许有大失，小失之后也许有大得。人生的道路不会一路平坦，任何一个人的成功，都不可能一帆风顺。一次的成功，不会是一辈子的成功；一次的失败，也不会是一辈子的失败。成也罢，败也罢，只要高兴一个晚上，或是伤心一个晚上就好，不必耿耿于怀。因为所有的得失，全都会过去。得而后失，失而复得，恰恰是人生的常态。

君子坦荡荡

孔子曰:"君子坦荡荡,小人长戚戚。"人生没有过不去的难关,只有解不开的心结,只要心不死,人就会好好活着。面对任何的挫败,都不能放弃对生命的希望。人在冬天要心存春天,因为冬天到了,春天的脚步还会远吗?

人生最重要的是要能够坦然面对自己,面对别人,面对得失、祸福、是非、成败。每个人的性格、条件不同,每个人的观点、立场不一样,我们做任何事,必然有人赞成、有人反对,有人肯定、有人否定,有人鼓励、有人批评,只要自己站得正,行得稳,问心无愧,就能做出正确的选择。

从前有一对父子牵着一头驴在路上走,行人见了,有人说:"这么笨,放着现成的驴不骑。"于是父亲骑在驴上,小儿子走路,就有行人说:"这个父亲真不慈爱,自己骑在驴上享受,让小儿子辛苦走路。"父亲便从驴背下来,换儿子骑驴,结果又有行人说:"这个做儿子的真不孝顺,自己骑在驴背上舒服,让父亲辛苦走路。"父子商量之后,决定一起骑在驴背上,又有人说话了:"这两人真不仁慈,这么瘦弱的驴怎么撑得住两个人的重量呢?"这个故事的寓意在于,我们不管怎么做人、怎么做事,都会有不同的声音,我们是不可能让所有人都满意的。做人无私，行事坦荡，便是成功之道。

孔子周游列国，一直没有得到诸侯国国君的重用，心灰意冷，想搬到九夷蛮荒之地去。有人说："九夷是很落后的地方，怎么能住人呢？"孔子回答说："君子居之，何陋之有？"君子安时顺处，不论住在哪里，都能坦坦荡荡。宋神宗熙宁七年（1074年），苏轼从杭州调任到密州，当时的密州是很贫穷的地方，生活条件很艰苦，可是一年之后，苏轼居然"貌加丰，发之白者日以反黑"。这是因为他能够不在意物质生活的贫困，而悠游于精神上的快乐自足。"君子固穷，小人穷斯滥矣！"人生的困顿挫败是难免的，君子能坚守穷困，安贫乐道；小人遇到穷困，就会丧失分寸，为非作歹，胡作非为。这是君子与小人之间的重要差别。

阅读省思：

1. 你是一个做人做事坦荡诚信的人吗？
2. 你如何面对别人的批评呢？

谦谦君子　温润如玉

《诗经·卫风·淇奥》："有匪君子，如切如磋，如琢如磨。"中国自古就把君子之德和美玉相比。有才德的君子像美玉一样，一块璞玉要经过切、磋、琢、磨的功夫，才能雕琢成一块价值连城的传世之宝。一个君子也要经历苦难的挑战，才能成就大事业，而为世人所景仰。中国人很早就把玉器当作祭祀天地的祭品，并且将其作为帝王身份的象征，《周礼》以玉器为六器、六瑞，百官封爵以玉器为印信，君子将玉器作为德行操守的象征。

玉有五德

东汉许慎《说文解字》一书说：玉有五德，"润泽以温，仁之方也；䚡理自外，可以知中，义之方也；其声舒扬，专以远闻，智之方也；不挠而折，勇之方也；锐廉而不忮，絜之方也。"玉之所以可爱可贵，是因为玉质温润光泽、玉理纹路细致、玉音清脆悠扬、玉料坚硬不挠、玉色清明剔透。将一件精巧的玉器，把玩于手中，视其色、听其音、触其质、感其理，真是人生一件快事。

中国古代把君子比拟为美玉，因为君子谦冲自牧，和蔼可亲，坦然真诚，风骨淡雅，谦虚有礼，君子的内涵，就像美玉的纯白洁净，没有瑕疵。古代君子身不离玉，身上都要佩戴一件美玉，作为身份的象征。因为玉是很贵重的东西，身上佩戴美玉，就会行止有仪，不越分寸。在《论语》中，子贡把孔子比喻为美玉，说："有美玉于斯，韫匮而藏诸，求善贾而沽诸？"孔子志在淑世，所以回答说："沽之哉！沽之哉！我待贾者也。"

君子的修养像玉器的雕琢

君子的修养，像玉器的雕琢一样，都是在千锤百炼之中造就的。我们一般所指的君子，是指才德兼备的人，孔子说："君子不器"。君子博学多能，不像器物那样只有一种功用，而是有多方面的成就与发展，一个人不怕没有机会，只怕没有能力，有多方面能力的人，自然会有多方面的表现机会。

君子的人格特质，简单地说，包含以下两方面：第一，君子是不断精益求精，求取进步的人。孔子说："君子上达，小人下达。"君子进德修业，努力追求进步，小人则自甘堕落，每天都在退步。孔子又说："君子食无求饱，居无求安，敏于事而慎于言，就有道而正焉。"君子不在乎物质上的贫困，"君子谋道不谋食""君子固穷"，追求正道而不是物质的享受。此外，君子做事敏捷，说话谨慎，而且肯向学有专精的人虚心学习，君子之所以成为君子，不是因为天生的禀赋，而是因为后天勤于学习，专心致志。

第二，君子是行事光明磊落，诚而有信，能成人之美，也乐于助人的人。孔子说："君子周而不比，小人比而不周。"君子待人周到而不偏私，小人结党营私而不周到。"君子之于天下也，无适也，无莫也，义之与比。"君子立身处世，以义为准则，合宜的事就去做，不合宜的事就不去做，执守中道，不偏不倚，无过无不及。君子严以律己，宽以待人。孔子曾经赞美郑国大夫子产，具有君子的四种德行："其行己也恭，其事上也敬，其养民也惠，其使民也义。"子产行事非常谨慎，对国君很恭敬，对百姓施恩惠，役使百姓符合道义。"君子成人之美，不成人之恶，小人反是。"君子有成人之美的美德，能够成全别人的好事。

谦卑是君子的美德

谦卑也是君子的美德。孔子说:"君子泰而不骄,小人骄而不泰。"君子待人处事,俯仰无愧,内心安泰而不骄矜;小人处心积虑想要占人便宜,得到便宜时,内心便充满骄矜而不安泰。

美国股神巴菲特与微软创始人比尔·盖茨,是当今全世界最有钱、最有成就的人之一,是很多人羡慕、崇拜的对象。他们两个人都有一个共同的人格特质,就是谦卑。在他们的一次对话中,都表示他们的成就是一种幸运,因为他们所生活的这个时代,以及所生活的国家有着很好的资源,他们的天赋因而有所发挥,这让人真真实实地看出了大企业家的气度和风范。

全球第一部智能手机是台湾宏达电电子公司开发出来的,宏达电的创始人王雪红,是已故台湾经营之神王永庆的女儿。她带领宏达电挑战 Iphone,智斗三星,荣登全球百大品牌,她本人也成为缔造台湾两家股王传奇的台湾女首富。谦卑、有胆识、言必称神、好行公义,是王雪红经营企业的最大特色。她父亲教导她:勤劳朴实、止于至善、永续经营、奉献社会;她母亲则教导她:对人要温和、要大度,不要有嫉妒心。王雪红说:父亲是指引她成就人生、追求创业的标杆,母亲则是影响她最深的人。父母教导她谦卑大度，对她的成功起着至关重要的作用。

玉与君子之德

玉是中国人最喜欢的宝石，许慎把玉的五种德性与五种品德极佳的仁者、义者、智者、勇者、廉者相比，是十分贴切的。孔子说："君子道者三，我无能焉，仁者不忧，知者不惑，勇者不惧。"《中庸》："知、仁、勇三者，天下之达德也。"什么是知、仁、勇呢？陈立夫先生有精辟的见解，他说："人与人要互相了解，就是智；人与人要同情相爱，就是仁；人与人要互相帮助，就是勇。"君子能够做到知、仁、勇三达德，所以能够进德修业，成为很有才德的人。

玉是身份的象征，什么人佩戴什么玉。玉是美丽的饰物，把玩美丽的玉饰，令人赏心悦目，心情愉快。美玉令人喜爱，君子令人尊敬。在中国传统文化中，玉和君子相得益彰。

阅读省思：

1. 你知道如何进德修业成为君子吗？
2. 你看见一件漂亮的玉饰，会怦然心动吗？

孔子谈孝道

我国自古以忠孝传家,所谓"求忠臣于孝子之门""百善孝为先",可见古人对孝道的重视。古代讲五伦,父子关系是其中之一,当然也包括母子的关系。《诗经·小雅·蓼莪》:"父兮生我,母兮鞠我。拊我、畜我、长我、育我、顾我、复我,出入腹我。欲报之德,昊天罔极。"这几句诗,最能表达子女对父母的感恩之心。父母养育儿女之恩,如山高,如水长,"欲报之德,昊天罔极"。俗话说:"行善不能等,行孝不能等。"行孝要及时,不是等赚了钱、做了大官,光耀门楣,才有能力孝敬父母。孔子说:"父母之年,不可不知也,一则以喜,一则以惧。"子女不能不知道父母的年龄,一方面要为父母的长寿感到高兴,另一方面要担忧父母年纪大,孝顺父母的日子已经不多了。"树欲静而风不止,子欲养而亲不待"。没有机会奉养父母,是为人子女最大的悲哀。现在有些年轻人只记得自己的生日,要跟朋友去庆生、开舞会,而不知道父母的生日,不去给父母祝寿,实在是很不应该的。

孝道是立身处世的根本

孔子强调人生的要义，第一是做人，而做人的道理，首先要讲求孝顺父母。父母是与我们关系最密切的人，一个不爱父母的人，怎么会去爱别人呢？孔子认为子女尽孝道，是行仁的根本。孔子弟子有子说："其为人也孝弟而好犯上者，鲜矣！不好犯上而好作乱者，未之有也。君子务本，本立而道生，孝弟也者，其为仁之本与？"孔子说："弟子入则孝，出则弟，谨而信，泛爱众，而亲仁。行有余力，则以学文。"孔子强调孝悌是一个人立身处世的根本，是为人子女天经地义应尽的本分，在孝敬父母，友爱兄弟的基础上，才能去学习艺文之事。

做人不能忘本

中国人主张慎终追远，祭祀时的祖先牌位体现了对列祖列宗的尊敬与怀念。神主牌位的由来有个很伤感的故事，相传是古代有个年轻人很不孝顺，脾气又暴躁，每天到田里工作，都要母亲亲自送饭，如果母亲送晚了，他就很生气，责骂母亲。有一天上午，年轻人要到田里工作，看见一群羊在吃草，一只小羊在跪着吃奶，年轻人看了很感动。中午的时候，母亲要送饭，家里事忙，又耽误了时间，母亲担心儿子的坏脾气，急着赶路，不小心掉到河里。儿子因为受小羊跪乳的感动，深感惭愧，跑到路上等候母亲。可是只见到路旁母亲留下的盛饭的竹篮，而母亲已被河水冲走了，找了半天也没有找着。年轻人十分难过，就把捡到的一块木头带回家，写上母亲的名字，天天祭拜。

中国自古流传"二十四孝"的故事，是儿童入学的教材之一，虽然其中很多的例子，在今天看来已经不合时宜，但是那些孝道的精神，仍然值得推崇、敬仰。在中国文学作品中，也流传着许多有关孝道的故事和诗文。例如缇萦救父，孟郊的《游子吟》，白居易的《慈乌夜啼》《燕诗示刘叟》，明朝宋濂的《猿说》等等，都十分感人。

缇萦救父的故事，见于汉朝刘向《列女传》，讲的是汉初太仓令淳于公被人诬告，要受肉刑的惩罚。淳于公有五个女儿，没有儿子，他被捕辞家前，十分沉痛地说："生子不生男，缓急非所益。"最后，是他的幼女缇萦，千里跋涉，陪他到长安，向汉文帝上书，感动了汉文帝，才免除淳于公的罪。

唐朝孟郊写了一首脍炙人口的《游子吟》："慈母手中线，游子身上衣。临行密密缝，意恐迟迟归。"通过一件平凡的小事颂扬母爱的伟大，千古传唱不绝。母亲的一针一线，都充满着爱心，默默无言，但包含了许多叮咛，盼望远行的儿女，保重身体，平平安安，早日归来。

白居易是唐朝有名的诗人，他的作品常常寓有讽喻的作用。《慈乌夜啼》一诗，写作者夜晚听到慈乌哀鸣失去母鸟的悲哀。慈乌是一种孝鸟，知道反哺母鸟，尽到孝心，反观人类却有许多不孝的子孙，"其心不如禽"，真是连慈乌都不如。《燕诗示刘叟》一诗，则是讽刺刘叟当年弃绝父母，后来他的儿子也弃他而去。"一报还一报"，刘叟的不孝，正是现世报。

宋濂《猿说》一文，也是描述动物对父母的爱心。猎人为了捕捉幼小的金丝猿，常常不择手段，非常残忍地用毒箭射死母猿，然后鞭打母猿的皮。幼小的金丝猿不忍心看见母亲的皮被人鞭打，只好乖乖就缚，即使如此，每晚睡觉也要抱着母亲的皮，依恋不已，甚至悲伤痛哭，"抱皮跳掷而毙"。"猿且知有母，不爱其死，况人也耶？"这不只是作者一人的感叹，每一位读者都会深受感动。

伟人背后，都有一位伟大的母亲

西方有句谚语："伟人背后，都有一位伟大的母亲。"的确，像《孟母三迁》《断机教子》的故事，是大家非常熟悉的，孟子之所以能成为"亚圣"，在很大程度上得力于母教的成功。宋朝欧阳修四岁丧父，他的母亲郑氏亲自教育他，因为家境贫穷，买不起纸笔，便用芦荻在沙上写字认字，终成一代古文大家。大文豪苏轼幼时陪母亲读《后汉书·范滂传》，苏轼对他的母亲说："轼若为滂，母许之否乎？"他的母亲回答说："汝能为滂，吾顾不能为滂母耶？"范滂是东汉的贤士，因为政争，被捕下狱。苏轼一生耿介，受他母亲良好的家庭教育影响很大。

中国立国，自古以孝为本，史书之中，自《魏书》以后，都有《孝义传》（或名《孝友传》《孝行传》《孝感传》等），记叙历代的孝子与孝行。孟子说："大孝终身慕父母。"又说："事孰为大？事亲为大。"在我们的一生之中，孝顺是最重要的责任。"家有一老，如有一宝。"我们应该好好珍惜孝顺父母的机会。

阅读省思：

1. 你常常与父母享受天伦之乐吗？
2. 你随时都在关心父母的健康吗？

孝道以敬为主

北宋大文学家欧阳修曾撰《泷冈阡表》一文,纪念他死去的父亲,其中有一段文字是他母亲追述他父亲的孝思,"吾之始归也,汝父免于母丧方逾年,岁时祭祀,则必涕泣,曰:祭而丰,不如养之薄也。闲御酒食,则又涕泣,曰:昔常不足,而今有余,其何及也。"欧阳修父亲无尽的孝思,集中体现在"祭而丰,不如养之薄也"的感叹。有些为人子女者,父母生前不知敬养,父母死后,才在祭祀仪式上准备丰盛的食物。然而,这又有什么用呢?这如何能弥补内心的不安呢?真正的孝道,是出自内心的一片诚敬,而不是锦衣玉食的供养而已。

孝顺父母要和颜悦色

子夏向孔子问孝,孔子回答:"色难。有事弟子服其劳,有酒食先生馔,曾是以为孝乎?""色难"是说在和长辈们相处时,最难做到的就是和颜悦色。子女孝敬父母,经济条件好的人,可以提供富裕的物质享受；经济条件差的人，也可以依自己的能力去尽到孝心。不管经济条件好还是不好，最重要的是真诚地关心父母，表现得和颜悦色，才能让父母得到真正的欢心，而不是仅仅做到帮父母做家务，有好吃、好喝、好玩的，先让父母享受。

子游向孔子问孝，孔子回答："今之孝者，是谓能养。至于犬马，皆能有养，不敬，何以别乎？"现在很多人都喜欢养宠物，有人喜欢养猫，有人喜欢养狗，不管养什么宠物，都会细心呵护、喂食、喂水，准备一个舒适的窝，还要经常为宠物洗澡、剪毛，带出去溜达溜达，简直就当成宝贝一样。孔子认为子女对待父母，如果只是提供物质的生活而没有一颗真诚的心，不能发自内心地表现出孝敬的感情，这与一般人饲养猫、狗，又有什么区别呢？

孝顺父母不要违逆父母心意

孟懿子问孝，子曰："无违。"对于"无违"的含义，孔子在回答樊迟的提问时解释说："生事之以礼，死葬之以礼。"讲的是无违于礼。礼是行为的规范，死生都是大事，不能违礼，对父母生前的事奉、死后的埋葬祭祀，都要依礼而行，不能逾越。不过,"无违"二字,也可以解释为不要违逆父母的心意。孔子曾说:"父在,观其志;父没,观其行。三年无改于父之道,可谓孝矣!""无改于父之道",就是"无违"。父之道是什么呢?父母含辛茹苦抚育子女,首先当然希望子女平安健康、顺利成长,所以,孟武伯问孝,孔子说:"父母唯其疾之忧。"父母关爱子女之心,无微不至,就怕子女生病,令其忧心。为人子女小心照顾自己的身体,不要有病痛、伤害,也是尽孝道的具体要求之一。以前交通不方便,信息不发达,子女如果远离父母,会让父母十分牵挂,因此孔子提醒子女,"父母在,不远游,游必有方。"即便在今天,我们做子女的人,每天什么时候出门,晚上什么时候回家,也要让父母知道,才不会让父母操心;如果临时有事不能准时回家,也要尽快通知父母,以免父母担心。如果需要常常到外地出差、旅游,要经常与父母保持联络,这也是子女的责任。

有一位乡下年轻人结婚没多久,就应征入伍,他父亲送他到村口。几年之后,父亲天天守候在村口等待儿子回来。不幸的是儿子在战场上牺牲,年轻人的妻子担心公公承受不住丧子的悲痛,便经常托人以丈夫的口气写信回家。事隔多年,老父亲死了,死前依然期盼儿子能回来团聚。这个故事表现出媳妇对公公的孝心，令人非常感动。

安徽有一位王先生背着老母亲去旅行的故事，也令人感动、敬佩。老太太年轻的时候，生活非常艰难，好不容易才把九个子女养大成人。她一生没有离开家门，虽然对外面的世界非常好奇，但是一直没有机会出去玩，直到她一百多岁时，他的儿子在亲友的赞助下，终于有能力背着母亲，到南京看长江大桥、中山陵，到北京看天安门广场，他的这份孝心足以感动世人。

当然，我们也可以经常从媒体上看到一些不孝的子女，整天游手好闲，不求上进，只会跟父母伸手要钱。父母则溺爱子女，满足他们的各种要求，若是哪一天不给钱了，不孝的子女，又是打、又是骂，甚至拿刀杀人，真是可悲。台湾有个妈妈太娇宠女儿，女儿长大不上班工作，所有的生活费都是妈妈给的。在当地，到便利店买东西，拿小贴纸可以换纪念品。有一天，妈妈把她的小贴纸拿去换纪念品，她竟然到警察局告妈妈偷窃。

还有个单亲妈妈，在学校教书，含辛茹苦把孩子抚养长大，送到美国念书，取得博士学位，找到了很好的工作，并娶妻生子。妈妈年老退休，想到美国与孩子团聚，没想到孩子从美国寄了一张支票给她，说这是她多年抚养儿子的报酬，以后不要再去烦他了。这种大不孝的行为，实在让人心寒。

孝顺父母要感恩报恩

现代社会日趋功利，中国传统的孝敬父母的美德，日渐淡泊。很多年迈的父母，因为没有子女的照顾，只能住到养老院，平时只有社会福利团体、慈善机构，不定时地访亲、慰问，老年居家关怀成为目前社会的严重课题。我们长久以来引以为豪的家庭伦理制度，已经经不起经济社会的冲击，正经受着严峻的考验。

父慈、子孝、兄友、弟恭的传统伦理思想，是我们中华民族所赖以生存的精神依托。我们在发展经济，提升物质生活水平的时候，应该兼顾精神文明的价值。提倡孝道，应该安抚老人孤寂的心灵，而不只是物质的供养。

阅读省思：

1. 你能以恭敬的态度对待父母吗？
2. 你会不会在某些时候与父母发生争执呢？

孔子论仁德

孔曰成仁，孟曰取义，仁是孔子的中心思想。什么叫仁？《中庸》："仁者，人也。"仁是人德的总称，东汉许慎《说文解字》："人，亲也。从人二。"亲，就是爱。从人二，是指仁德的表现，是要有二人，仁德要在人际关系中才能显现出来。在《鲁宾逊漂流记》中，鲁宾逊一个人漂流在荒岛，跟谁谈道德呢？道是人的行为规范，德是行道而有所得，道德是人与人在相处过程中的行为准则。古代人际关系十分单纯，儒家思想把各种人际关系归结为五伦，包括君臣、父子、夫妇、兄弟、朋友，现代社会人际关系复杂，出现了所谓的第六伦，称为群己关系。重视伦理是中华文化的特色。

孔子对仁的阐述很多。仁是一个人圆满人格的展现，孔子以一仁字统摄众德。孔子说："苟志于仁，无恶也。"一个人如果能够立志行仁，就不会有不好的举动。

我欲仁，斯仁至矣

孔子说："仁远乎哉？我欲仁，斯仁至矣。"孔子鼓励大家努力行仁，而认为"君子无终食之间违仁，造次必于是，颠沛必于是"。君子之所以为君子，是因为能够时时刻刻以仁为本，不管是得意的时候，还是失意的时候，甚至是颠沛流离的时候，都不会失其初衷。孔子感叹世人不用心行仁，他曾经说："回也，其心三月不违仁，其余则日月至焉而已矣。"又说："我未见好仁者，恶不仁者，好仁者，无以尚之；恶不仁者，不使不仁者加乎其身。有能一日用其力于仁矣乎？我未见力不足者。盖有之矣，我未之见也。"孔子认为，真正爱好仁德的人，会觉得世界上没有比仁德更重要的事；真正憎恶不仁德的人，会努力行仁德，不会使不仁德的行为出现在自己身上。孔子强调，没有人会因为没有能力而不能行仁德。

孝悌是行仁的根本。孔子说："弟子入则孝，出则弟，谨而信，泛爱众，而亲仁。"中国自古以孝悌传家，便是受孔子思想的影响，孔子主张要亲近有仁德的人，物以类聚，"里仁为美，择不处仁，焉得知"。不仅要亲近有仁德的人，选择住家，也要选在有仁厚风俗的地方。孟子也说："一乡之善士，斯友一乡之善士；一国之善士，斯友一国之善士；天下之善士，斯友天下之善士。"只有亲近有仁德的人，才能不断提高自己的品德修养，这也是修养仁德的重要方式。

克己复礼为仁

颜渊问仁。孔子回答说:"克己复礼为仁。"颜渊接着又问,如何做到"克己复礼"呢?孔子说:"非礼勿视,非礼勿听,非礼勿言,非礼勿动。"礼是行为的规范,我们虽然有一颗善良的心,但是常常会因经不起各种诱惑,而做出一些不正当的行为,伤人伤己。行仁之道,最重要的是要能克制自己的私欲,不为情牵,不受物累,不合于礼的事,勿视、勿听、勿言、勿动,言行举止都要中规中矩,一切以礼为标准。

智、仁、勇是人格的最高表现,孔子说:"知者不惑,仁者不忧,勇者不惧。"智者是聪明的人,是有知识、有判断能力的人,能够明辨是非、分别善恶;仁者宅心宽厚,乐于助人;勇者见义勇为,当仁不让,不仅不惧生死,而且不惧强权、恶势力。智者知仁,勇者行仁,智、仁、勇三达德,以仁为依归,孔子教育学生,即是"志于道,据于德,依于仁,游于艺"。

宽厚是仁者的度量

春秋时代,鲍叔牙、管仲合伙做生意,管仲多拿了一些利润,鲍叔牙不但不计较,反而十分大度地说:管仲家里穷,需要多用钱。管仲几次想做官,都不能顺心如意,鲍叔牙说:管仲不是没有才干，而是运气不好。后来齐国公子小白自莒反齐，成为齐桓公，要任命鲍叔牙为相。鲍叔牙却推荐了管仲，使齐桓公"九合诸侯，一匡天下"。管仲非常感激鲍叔牙，说："生我者父母，知我者叔牙也。"孔子不轻易以仁许人，但管仲对国家的贡献很大，孔子称许其仁，说："如其仁！如其仁！"孔子说："管仲相桓公，霸诸侯，一匡天下，民到于今受其赐。微管仲，吾其被发左衽矣。"孔子从宏观的角度看待管仲对国家的功劳，一语点出管仲对于百姓的贡献，这也是孔子称许其仁的原因。可以说，鲍叔牙和管仲都是仁者的代表。

台湾英业达集团董事长叶国一，是台湾高科技产业的巨子，乐善好施，助人到底。2007年7月，次贷危机在美国爆发。2008年9月，这场危机演变成全球性的金融海啸，当很多产业受到严重波及的时候，叶国一仍然财力雄厚，并买下台北、高雄的四笔土地，总值六七十亿新台币。叶国一谦虚地表示，他的财力资源是来自早年对林百里的帮助。林百里是台湾广达计算机的老板，广达计算机目前是台湾最大、全球第三大笔记本电脑厂。当年林百里创业的时候，叶国一给予他很大帮助，广达的成功，也让叶国一积累了人生一大笔财富，跻身百亿富豪行列。

叶国一帮助过的人，当然不只是林百里一个。已故台湾成功企业家温世仁在担任三爱电子公司厂长之前，因为父亲经商失败，急需筹款6万元，才认识几个月的叶国一二话不出，立刻慷慨解囊，两人因此成了一生的挚友及事业的伙伴。另外，他还帮助过后来接任英叶达董事长的李诗钦，替他偿还因为经营贸易公司失败积欠的数十万元债务。

叶国一乐于助人的个性，来自于他早年的经历。当初要投资饲料业时，需要大笔资金，在他心急如焚之际，幸亏他夫人想办法借到这笔钱，才渡过难关。从此叶国一深深感受到人在困难的时候渴望被帮助的心情，他暗下决心：哪一天有机会成功，一定要帮助别人。叶国一后来的成功，也得力于他乐善好施，乐于助人的个性。

不论是管仲、鲍叔牙，还是林百里、叶国一，都很好地体现了孔子"志于道、据于德、依于仁"的思想。

阅读省思：

1. 你乐于助人吗？
2. 你能谨守孔子所倡导的仁爱精神吗？

仁者心中有大爱

真、善、美是人生理想的最高境界。真是真性情、真本色；善是善心、善行，做帮助别人也帮助自己的事；美是心灵的自由开放。人生充满幸福快乐的享受，仁者心中有大爱，是至真、至善、至美。

爱是生命的价值，是生活的动力，是在别人需要的时候，施以援手的责任与能力。孔子最伟大的地方，就是他提倡仁爱。因为有爱，人类充满信心与希望，天地无情，人间有爱。大自然常常给人类带来意想不到的灾难，地震、水灾、旱灾、台风、瘟疫，每次的天灾加上人为的暴乱、战争，都会造成人类生存的危机，幸好人类天生有一颗爱心，能够拯救无数无辜受害的生灵。

慈悲喜舍就是仁爱精神

台湾慈济功德会是当今全世界规模最大的宗教救助团体，是慈济证严上人于1966年创立的著名公益组织。最初是由30位志愿者发起，每人每天捐献 5 毛钱，而且经常到菜市场、街上劝募，集腋成裘，如今已逾千万个会员，推动慈善、医疗、教育、人文四大领域的志愿服务，这些年又增加骨髓捐赠、小区志愿服务、环保、国际赈灾等项目，学习观音菩萨闻声救苦的慈悲胸怀，以智慧相结合，以爱心相扶持，"力邀天下善士同耕一方福田，勤植万蕊心莲，同造爱的社会"。慈济的志愿者，都是智者、仁者、勇者，努力践行着孔子的仁爱精神。我们不能决定生命的长度，但可以拓展生命的宽度。大爱无国界，一个有仁爱之心的人，抱持慈、悲、善、舍的精神，无私、无求、无怨、无悔，享受布施助人的喜悦，正是孔子所谓仁者的特质。

大企业家与伟大的企业家

　　一个企业家生意做得很大，也只是大企业家；一个企业家能有社会责任，愿意服务、奉献，捐助财富，才是伟大的企业家。台湾润泰集团总裁尹衍梁，是海峡两岸知名的企业家，是媒体关注的焦点，同时也是位非常有社会责任感的人。2011 年底，他承诺捐出 95% 的财产，他常说留太多钱会伤害子孙，金钱对他来说，最初是用来满足各种需求的，到了晚年受到信仰的影响，金钱就成了他完成梦想的工具。尹衍梁乐于服务、奉献，是典型的伟大企业家。

企业的发展与中华传统文化有什么关联？尤其是孔子的仁爱思想能对企业的发展产生什么作用呢？汇源集团董事长朱新礼曾经应邀到台湾访问，在一项学术研讨会中，他提到汇源的企业文化饱含着儒家文化的底蕴。朱新礼反复强调儒家思想对中国历代人才的养成有重要的贡献，对当代企业的发展，也有深远的影响，是当代中国企业成长的重要基础。汇源集团的成功，主要来自孔子"泛爱众""博施于民"的思想。汇源集团不只追求企业利益，也追求果农的利益和消费者的利益，他们所生产的果汁产品，讲求严格的质量监管，安全、卫生、营养、可口，所以受到众多消费者的喜爱。朱新礼看待汇源集团的员工如同家人，看待员工的家人则如企业的亲人，他每年提供数百万元人民币作为员工孝敬父母的经费。朱新礼和汇源集团的成功，在于本着仁德之心，重视伦理，发挥孔子的仁爱思想，将其与企业经营密切结合。

"君子爱财，取之有道"，企业的经营管理当然要讲求利润，但是企业的经营也要讲仁爱，以仁爱经营企业，兼得义与利。企业要追求永续经营，一定要建立企业的文化。企业管理是以人为核心，以事为手段，以物为工具，与时间竞走，从而实现生存与发展。物是死的，事是人做出来的，时间由人来掌握，所以企业的成败，最重要的因素是人，包括管理者与被管理者。不论是管理者还是被管理者，都要有爱心，包括对企业的爱心，对工作的爱心，对人的爱心。

颜渊问仁，孔子回答说："克己复礼为仁。"仁者的精神修养，就是要能做到"克己复礼"，一个好的管理者必须具备仁者的精神修养，能够做到以身作则，成为员工的榜样，才能上下同心，共创企业的美好未来。仁字的意义在于"己欲立而立人，己欲达而达人""己所不欲，勿施于人"。这也正是管理者与被管理者必须共同遵守、力行的原则。

心中有爱，人生最美

不只企业的经营要发挥孔子的仁爱思想，一般人的人格修养也是如此。修身从修心开始，心是万念之始，一心为善念，就会衍为善行；一心为恶念，就会衍为恶行。人心有善有恶，一个人为善或是为恶，往往在于一念之间。修心的意义，在于知善知恶，为善去恶。人的意念有善有恶，如何存养善念，克制恶念，不是靠道德家的几句话就能发挥作用，而是要从自己内心的怡情养性做起。

心中有爱，人生最美，美是心中有大爱。孔子提倡仁爱的思想，是非常伟大的，这是他对全人类最大的贡献。爱是生命的价值，生命中如果没有爱，就会失去色彩而变得苍白；生命中如果没有爱，也就会失去活力，失去生机。

阅读省思：

1. 你热心公益事业吗？
2. 你对社会上孤苦无助的人，会主动伸出援手吗？

孔子论智、仁、勇

孔子说："知（通"智"，后同）者不惑，仁者不忧，勇者不惧。"在弟子们心目中，孔子当然是一位仁者、智者、勇者，所以子贡说："夫子自道也。"孔子是位极有爱心的人，"子食于有丧者之侧，未尝饱也，子于是日哭，则不歌""子见齐衰者、冕衣裳者与瞽者，见之，虽少必作，过之必趋"。孔子的爱心，都是出于内心的至诚。孔子是位有智慧的人，他曾自述："四十而不惑，五十而知天命。"孔子提出仁爱的思想，弘扬伦理的精神，成为中华文化最深厚的基础，正是智者的表现。孔子也是一位勇敢的人，他生于周朝衰乱之世，在王纲不振，大道不行之时，带领学生周游列国十四年，知其不可而为之，义无反顾，正是勇者的表现。

智者烛见事理，明辨是非

智者何以不惑？仁者可以不忧？勇者何以不惧？陈立夫《国学何以重视伦理道德》一文说："人与人要互相了解，就是智；

人与人要同情相爱，就是仁；人与人要互相帮助，就是勇。"智、仁、勇三达德是建立在人与人互相了解、互相关爱、互相帮助的架构基础之上的。孔子一再提出自知、知人、知于人的问题，"人不知而不愠，不亦君子乎""不患人之不己知，患不知人也""不患不己知，求为可知也""不患人之不己知，患不能也"。人要有自知之明，知道自己有什么，没有什么；能做什么，不能做什么；该做什么，不该做什么。至于知人之法，孔子说："视其所以，观其所由，察其所安，人焉廋哉？人焉廋哉？"

　　智者烛见事理、明辨是非，知道人生是不圆满的，对待人、事、物都有圆融通达的看法，所以"知者不惑"。子张问崇德、辨惑，孔子说："主忠信，徙义，崇德也。爱之欲其生，恶之欲其死，既欲其生，又欲其死，是惑也。"樊迟也问崇德、修慝、辨惑。孔子说："先事后得，非崇德与？攻其恶，无攻人之恶，非修慝与？一朝之忿，忘其身以及其亲，非惑与？"智者对人生有充分的了解，对是非能够作出正确的判断，因而不惑。

仁者宅心宽厚

　　仁者宅心宽厚，非常有爱心，慈悲为怀。孔子以一"仁"字统摄众德，智者所以知仁，勇者所以行仁。仁者即使吃了亏，被别人占了便宜，也不会计较，而能以一颗宽厚的心原谅别人，体恤别人。仁者不忧，是不忧得失，不忧祸福，仁者心存善念，口说善言，手做善事，脚走善地，内心坦荡，自然没有任何忧愁。

勇者见义勇为，好谋而成

孔子说："君子以义为上。君子有勇而无义为乱，小人有勇而无义为盗。"子路好勇，所以问孔子"君子尚勇乎"？孔子认为"君子义以为上"，做任何事都要以"义"为标准，合于义的事才做，不合于义的事就不做，不能逞匹夫之勇。子路曾经问孔子："子行三军，则谁与？"孔子说："暴虎冯河，死而无悔者，吾不与也。必也临事而惧，好谋而成者也。"匹夫之勇是不足取的，有智慧的勇者，才是真正的勇者。子贡问孔子："君子亦有恶乎？"孔子说："有恶。恶称人之恶者，恶居下流而讪上者，恶勇而无礼者，恶果敢而窒者。"孔子所谓"恶称人之恶者""恶居下流而讪上者"，是不仁；"恶勇而无礼者"，是非勇；"恶果敢而窒者"，是无智。

智、仁、勇的来源

孔子说："知者乐水，仁者乐山。知者动，仁者静。知者乐，仁者寿。"智者为什么乐水？仁者为什么乐山？人的秉性不同，有人内向，有人外向，内向的人爱静，外向的人好动。水是流动的、活跃的，智者处事通达，像流水一样变动不羁，所以智者乐水；高山厚重，蕴育草木禽兽，给予生息而不求索取，象征仁者的品格，所以仁者乐山。智者通情达理，凡事知所进退，谦虚低调，快乐自在；仁者态度安详，宅心宽厚，不争不求，所以能够长寿。

《中庸》引孔子说："好学近乎知，力行近乎仁，知耻近乎勇。"智、仁、勇三达德是人生修养的指标，如何才能成为智者、仁者、勇者呢？智者，知也，见微知著，洞烛先机，智者有自知之明，也有知人之明，能够分辨事物的真相或假象，不会跟着人云亦云，也不会盲目服从，没有自己的主张。人的一生中有太多要学的东西，一个人能够努力不懈，勤于学习，而且专心致志，凡事问个清清楚楚，明明白白，对任何的事理，都能有周全的认知、理解，没有疑虑、困惑，就离成为"智者"不远了。

仁不只是一种心理状态，也是一种实践活动，光有爱心而没有爱的行动，不能称为仁者。子张问仁于孔子，孔子说："能行五者于天下为仁矣！"哪五者呢？即"恭、宽、信、敏、惠"。"恭则不侮，宽则得众，信则人任焉，敏则有功，惠则足以使人。"孔子认为一个人能做到对人恭敬、待人宽厚、做人信实、处事敏捷、施惠他人这五种德行,就是仁者。能够力行仁德,坚持不懈,就能成为仁者。

　　勇者的力量不是来自血气的勇猛,而是来自对道德的坚持。孔子说:"君子有三戒。少之时,血气未定,戒之在色;及其壮也,血气方刚,戒之在斗;及其老也,血气既衰,戒之在得。"人生在每一个阶段,都有应该戒慎的地方,凡是不义的事,做了会觉得很惭愧,感到羞耻的事,都要避免、戒慎。一个人若是不小心做错事,而勇于知错、认错、改过,就是勇者的表现。另外,一个人觉得自己在德行、才能等方面,都比不上别人,认为是件羞耻的事,而努力奋发,力争上游,也是勇者的担当。

阅读省思:

1. 你是智者、仁者、勇者吗?
2. 你能够自觉修养自己的品德与才能吗?

孔子重义轻利

孔子很少谈利。孔子说:"放于利而行,多怨。"一个人立身处世,如果处处考虑个人私利,一定会招惹许多怨恨。人生是计较不完的,人与人之间如果彼此都很计较,担忧别人占了便宜,自己吃了亏,就会心存疑虑,互相猜忌、妒恨,即使个人私利得到满足,也会失去纯真的情谊。因为,以利合者,必以利分。合伙做生意,如果纯粹从利益的观点着眼,总有一天会不欢而散。人与人之间的结合,应该是道义的结合,而不是利益的结合。如果纯粹是利益的结合,就像一个男生看上一个女生的美貌,哪天这个女生不再漂亮,或是有个女生比她更漂亮,这个男生就有可能会移情别恋;同样,一个女生看上一个男生的财富,哪天这个男生不再有钱,或是别的男生比他更有钱,这个女生也有可能会另结新欢。

君子喻于义，小人喻于利

孔子经常把君子与小人拿来对比，孔子说："君子喻于义，小人喻于利。"又说："君子怀德，小人怀土。"君子之所以为君子，是因为君子明白大义，每天总在思考如何增进德行的修养；小人之所以为小人，则是因为小人只看重小利，整天在想如何增加财富。的确，有钱可以过好日子，有钱可以享受奢华的物质生活，但是一个人的需求是有限的，赚钱不应该是人生唯一的目标，何况君子爱财，要取之有道。为了追求利益而罔顾道义的人，一定会付出更多的代价。不讲道德的有钱人，最后也会为其聚敛不当的财富而毁灭。

三鹿奶粉、双汇食品瘦肉精，以及大统黑心食用油、胖达人手感烘焙店……都是不法商人因为贪图暴利，违规使用添加物，造成使用者身体的严重伤害，最后都受到政府的严厉制裁。

企业在追求利润的同时，必须坚持道德的底线，承担应有的社会责任。2008年三鹿集团生产的奶粉，加入化工原料三聚氰胺，造成数万名婴儿出现肾结石的症状，直到2011年，中央电视台《每周质量报告》调查发现，仍有七成中国民众不敢买国产奶品。

2013年台湾大统长基公司生产特级橄榄油,添加低成本的葵花油及棉籽油,再加入铜叶绿素调色,这样生产出来的橄榄油,人如果吃多了,肝脏、肾脏都会出问题。胖达人手工烘焙店则是在制造面包时,掺入人工合成制造的香精,如果摄取过量的话,对人体是有害的。食品安全关乎人民的健康,不肖商人却唯利是图,罔顾顾客生命安全,实在令人痛心。

对于道义和私利的关系,孔子说:"饭疏食饮水,曲肱而枕之,乐亦在其中矣。不义而富且贵,于我如浮云。"又说:"富而可求也,虽执鞭之士,吾亦为之。如不可求,从吾所好。"富与贵是人人所希求的,贫与贱是人人所厌恶的,但是如果不是用正当的方法,孔子是不愿取得富贵,也不愿丢弃贫穷的。孔子说:"君子义以为质",君子做人做事以义为质,该怎么样就怎么样,不该怎么样就不要怎么样。因此,在义利的取舍方面,要"见得思义""见利思义"。

三国时代,刘备、关羽、张飞义结兄弟。关羽重义轻利,深陷曹营,曹操对他礼遇有加,送袍,赠马,赏美女,赐黄金,关羽都不为之心动,坚持"若知皇叔下落,虽陷水火,必往从之"。关羽义重如泰山的精神,令人感佩。

以德行商

孔子是中国传统文化的代表,孔子的思想也深刻影响到韩国、日本等邻近国家。2000年,韩国作家崔仁浩出版《商道》一书,描写了19世纪朝鲜巨商林尚沃波澜壮阔的人生经历。出版才两年,销量便超过200万册,在中国、日本、马来西亚、新加坡,都造成了巨大轰动。林尚沃从一个卑微的杂货店员成为当时最成功的人参贸易大王,他成功的经验来自于孔子的道德思想,以德行商,"财上平如水,人中直似衡"。对待财物要公平如水,做人要正直如秤,这是林尚沃成为天下第一商人的座右铭。

论语与算盘

孔子重义轻利的思想对日本商业文化的发展同样产生了重要影响。日本的企业文化,非常重视员工的福利,同时提出了"顾客第一"的口号,也强调企业家的社会责任,而不只是追求利润。涩泽荣一被称为"日本企业之父""日本近代企业精神导师""日本现代文明的创始者",因为他对日本现代化进程做出了卓越的贡献。他在明治维新时代,就把现代企业建立在算盘与《论语》之上。涩泽荣一结合经营管理的实际需求,深入研究《论语》,发现《论语》之中有算盘之理,而从算盘之中也能悟出

《论语》中的致富之道。他的《论语与算盘》一书，被誉为"商务圣经"。该书分十单元，其中一个单元就是"仁义与富贵"，提出了"经济道德合一"的理论，认为治理国家要靠经济的发展，而同时还要依靠道德的力量来提升人民的素质，经济与道德之间，是互相促进、相得益彰的。

孔子不是要我们拒绝富贵的生活，更不是要我们只过贫贱的生活。在孔子看来，让百姓过上富足的生活，是在位者的责任，孔子说："邦有道，贫且贱焉，耻也；邦无道，富且贵焉，耻也。"国家政治清明的时候，如果仍然贫贱，那是可耻的；国家政治黑暗的时候，个人反而得到富贵，也是可耻的。所以不是富贵、贫贱的问题，而是什么时候该富贵，什么时候该贫贱的问题。孔子说："富贵如可求"，可见孔子不是不求富贵，而是关注如何才能求得富贵。君子求取富贵，是要心安理得，问心无愧。不是求不求富贵，而是能不能求，该不该得。

阅读省思：

1. 你能做到见利思义吗？
2. 在义与利的取舍之间，你会如何抉择呢？

诚信是立业的基础

孔子教育学生要非常重视诚信,孔子说:"人而无信,不知其可也。"孔子认为在个人修养方面,人如果不讲信用,就不知道他还能做什么了。而治理国家,必须"敬事而信,节用而爱人,使民以时"。有一天,子贡问孔子施政的道理,孔子回答说:"足食,足兵,民信之矣。"简单地说,就是民富国强,取信于人民。子贡说:"三者之中,如果不得已,要去掉哪一个?"孔子说:"去兵。""再不得已呢?""去食。"因为"自古皆有死,民无信不立"。如果得不到百姓的信任,国家的威信建立不起来,政权就会垮台。信誉是每一个人的第二生命,一个人没有诚信,得不到别人的信任,也就很难立足于社会。

从前有一位国王年纪大了,要选继承王位的人,他没有儿子,就给全国每一个小孩一颗种子,说谁能带回来最美丽的花朵,谁就能继承王位。到了规定的日子,很多小孩都带来了美丽的花朵,只有一个小孩带来了空盒子。结果出人意料,正是那个没有种出美丽花朵的孩子取得了继承权——国王给的每一颗种子都已经蒸熟了。

信誉就是钱

红顶商人胡雪岩曾总结出10字箴言："商道即人道""信誉就是钱"，他以"戒欺"为经商的准则。诚信立业，诚信致富，诚信是做人第一准则，也是企业致富之道。内蒙古东达蒙古王总裁赵永亮，曾经投资造纸厂，赔了很多钱，向银行贷款260万元人民币，也全赔光。银行想替他核销贷款，但是他坚持诚信经营，不同意，而是用自己名下其他企业的利润还清贷款。赵永亮认为，只有诚信经营，才会有更多人肯与自己合作，才会得到大家的支持，从而赚到更多的钱。他的诚信原则，为他开辟了一条条通往成功的大道。

日本山一证券创始人小池国三，也是一个以诚实忠厚起家的成功企业家。他20岁时开了一家小商店，同时替一家机械公司做推销员，半个月内，他就与33位顾客签了合同，并收了订金。后来他发现自己卖的机器比别家公司贵，他就一家一家去与顾客解除合同。顾客被他的诚信感动，都没有与他解除合同。正因为如此，他的生意越做越大，终于成为日本企业界的名人。

台湾"半导体教父"张忠谋，创办台积电公司，是台湾最大的 PC 品牌集团董事长。在《商业周刊》杂志的访谈中，他很感慨当时很多企业诚信沦丧，贪婪却在升高。他强调"好的道德，也是很好的生意"。好道德会带来好生意，伦理为生财之道。张忠谋认为，诚信是文明社会最重要的基石，如果一个社会、国家，甚至整个世界丧失了诚信，或是变弱，整个社会的安居乐业就很难达到。

诚信的美德在今日弥漫的功利主义之下，显得虚幻而不实际，但是我们却在成功的企业家、政治家、社会贤达身上，处处看到这项特质。那些看起来不是很精明干练的人，其实是很睿智的，那些不欺骗消费者的商家，往往是获利最多的人。

诚信是人格问题

诚信是人格问题，不是每个人都有机会成为大人物，但是每个人都有机会成为讲诚信的人，每一个人立身处世，首先要学的事，就是诚信。孔子弟子子夏说："与朋友交，言而有信。"曾子也以"与朋友交而不信乎"，为每日三省的项目之一。孔子更是强调立身之道，以忠信为主。尽己谓之忠，诚实信用谓之信。《左传·哀公十四年》记载了一段故事，小邾国一个名叫射的大夫，投奔鲁国，答应把小邾国的句绎纳入鲁国，条件是让他与子路订约，而不必与鲁国国君设坛结盟。子路不答应，因为大夫射背叛小邾国，如果与他订立盟约，等于是让他的背叛行为合乎正道。子路谨守诚信，所以能成为孔门十大弟子之一。

君子以义为质

孔子说："好信不好学，其蔽也贼。"好信而不学以明其理，所受的弊害是扞文犯义，被人利用而最终害了自己，信要紧靠着义。所谓"信近于义，言可复也"，诚信是对的，但是如果不合于义，则与人的约定，就不值得实践。义是一切行为的准则，孔子说："君子义以为质"，又说："君子贞而不谅"，君子固守正道，不拘泥于小节，有德的君子能够在大是大非面前做出自己的正确判断。台湾有一名大学生看球赛时和同学打赌，如果他属意的球队输了，他就要裸奔，结果那支球队输了，他履行"承诺"去裸奔，结果被学校记过处分。裸奔固然是守信的表现，但是裸奔造成伤风败俗的危害更加严重，所以这种所谓的"诚信"是不足取的。

阅读省思：
1. 你会很轻易答应别人的请求吗？
2. 你向别人做出的承诺会尽力做到吗？

精神富贵才是真富贵

每个人都希望能求得富贵，过富足安乐、受人敬重的生活，但是个人的能力是有限的，很多人没有自知之明，一味追求欲望的满足，结果是未得其福，先得其祸；未得其乐，先得其苦。孔子说："富与贵，是人之所欲也；不以其道得之，不处也。"又说："富贵如可求，虽执鞭之士，吾亦为之；如不可求，从吾所好。"又说："饭疏食，饮水，曲肱而枕之，乐亦在其中矣。不义而富且贵，于我如浮云。"君子爱财，要取之有道。合于义的富贵，当然可以接受，生在富贵人家，就不必装穷。应该得到的财富与地位，自然可以心安理得地接受。

君子乐道，不以物质生活条件的富贵贫贱为意，如果是只有粗食、淡饭，也可以乐在其中；而对于锦衣玉食，如果不是强求得来的富贵，不是不义的富贵，当然可以安心享受。以德行著称的颜回，非常好学，但家境贫困，孔子夸赞他说："贤哉回也！一箪食，一瓢饮，在陋巷，人不堪其忧，回也不改其乐，贤哉回也！"不是每个人都应该过颜回一样的贫苦生活，但是如果只能过颜回那样的苦日子，也不要自怨自艾，而要努力好学，力争上游，通过自身努力改变现状。

人生理想的追求，不全是物质生活的享受，更重要的是精神上的愉悦满足。如果精神上不能自得自足，再多的财富，再大的官爵，也不会让人感受到快乐与幸福。生命不只是一种存在，生命的价值，在于我们的生命对别人的贡献。一个人成就的大小，不在于得到多少，而在于付出多少，付出愈多，成就愈大。

乐善好施的典型人物

田家炳是香港人造革大王，著名的企业家、慈善家。他事业有成之后，就一直乐善好施。以田家炳命名的单位和建筑物有数百项之多，他捐赠的项目包括教育、医疗、卫生、交通、文化、社会福利等多个方面。

田家炳很了不起的地方在于，他的生活非常简朴，甚至把自己住的豪宅卖了，筹集慈善资金；2009年，他又将四座田氏工贸及工业大厦捐给田家炳基金会。田家炳认为，有钱只会令人羡慕，行善才会令人尊敬。他说："财留子孙，不如积德予后代。"香港成功的企业家很多，但像他这样克勤克俭，能够把财富毫不保留地奉献给社会的并不多。

台湾宜兰头城有一位卖葱油饼的苏万吉，收入微薄，但他省吃俭用，积攒了74万元新台币，捐赠给消防队买消防车。原因是他曾经在车祸中受伤，是一名消防员救了他一命。74万元是要卖123 000张葱油饼，才能节省下来的，赚钱不易，十分辛苦，但是苏万吉却助人为乐，牺牲物质享受，以此来追求心灵的富足。

在台湾南投卖红豆饼的邹树，是9·21大地震的受灾户，现在还栖身在货柜屋中，但是他每周总有一天要开车到偏远的小学，送热腾腾的红豆饼给小朋友吃，十多年来他的足迹已经踏遍了台湾中南部偏远地区的300多个小学。一个红豆饼并不值多少钱，但是盛情感人，爱心无价，出身贫穷的人最能理解贫穷人的生活，邹树的生活并不富裕，却能以他自己的能力行善助人，令人感动。

有一位富人平时很吝啬，舍不得花钱做善事。有一天他去理发，理发师傅一边剪发一边与他聊天，理发师傅对富人说："你很有钱，但是你只比我多17万元。"富人说："怎么可能呢？我可是大富翁，拥有很多地产和股票，你的财产怎能跟我比呢？"理发师傅说："最贵的棺材20万元，最便宜的棺材3万元，我没有钱，只能买3万元的棺材，你很有钱，能买20万元的棺材。我们死了之后,什么都没有了,你不是只比我多 17 万元吗?"富人听了之后,很受启发,开始努力捐助贫困的人。

助人不只是捐献财富

孔子说:"士志于道,而耻恶衣恶食者,未足与议也。"一个读书人读书求学,当然希望有一天能够功成名就,光宗耀祖,但是在求学的过程中,如果以自己的恶衣、恶食为耻,就不值得与之论学了。孔子说:"三年学,不至于谷,不易得也。"书中自有千钟粟,书中自有黄金屋,书中自有颜如玉。一般人读书求学,就是为了求取功名,使自己过上好日子,但是真正崇高的理想,是不只自己有好日子过,社会大众也要有好日子过,甚至为了救助许许多多孤苦无依的人,要牺牲自己的物质享受,省吃俭用,把多余的财富捐献出去。当然,我们能帮助别人的地方很多,财富只是其中一个方面,给人欢喜,给人方便,给人信心,给人力量,一句鼓励的话、安慰的话、肯定的话,一个友善的微笑,一只温暖的手,都是我们举手投足之间,就可以做到的善事。

学也禄在其中矣

孔子弟子樊迟问孔子,如何学习种植五谷?孔子说:"我不如老农。"又问如何学习种菜？孔子说："我不如菜农。"孔子后来批评樊迟志气平庸，一个人只要学有所成，居处上位，善待百姓，哪里还需要自己去耕种呢？孔子说："君子谋道不谋食。耕也，馁在其中矣；学也，禄在其中矣。君子忧道不忧贫。"君子所忧在德之不修，道之不行。以前的人是只问耕耘，不问收获，有了耕耘，当然就会有收获；现在的人尚未耕耘，便问收获，还没有付出，就想要有回报，或是只付出很少一部分，就想回报很多。孔子说："放于利而行，多怨。"凡事以利为考虑的基点，往往遭到怨恨，所以孔子罕言利，只问该不该做，而不问有利没利。

　　齐景公有千匹骏马，他死的时候，百姓对他没有什么可称述的，伯夷、叔齐饿死在首阳山下，他们的义行，百姓到现在还在称道，可见精神的富贵才是真正的富贵。乐善好施，帮助别人，才能实现人生的价值。

阅读省思：

1. 你曾经做过见义勇为、乐于助人的事吗？
2. 你能省下自己的生活费用，去帮助需要被帮助的人吗？

孔子论礼乐

礼乐制度相传是周公所创，和封建制度、宗法制度，共同构成中国古代的政治、社会制度，对后世的政治、文化、艺术、思想的影响很大。礼、乐都是中国古代社会的行为规范，包括礼仪典章和音乐的演奏。随着西周的政治瓦解，礼崩乐坏，道德不彰，孔子极力主张恢复传统的礼乐制度，认为只有提倡仁义，恢复礼乐制度，才能实现天下太平、社会和谐。

礼是社会秩序的基础

礼是社会秩序的基础，也是促进人际关系和谐安定的轴心。大家在做游戏的时候，必须遵守游戏规则，才能和乐融融，皆大欢喜。如果有人不遵守游戏的规则，势必引起纠纷，发生不愉快的事。如果大家不讲礼、不守礼，这个社会一定会扰攘不安，纷争四起。

人与人之间存在着各种各样的关系，有父子关系，有夫妇关系，有兄弟关系，有朋友关系，有上下级关系，人要如何谨守分寸，与别人维持良好的关系，是一件很重要的事。人与人之间，太远则疏，太近则狎。过分疏远，谈不上感情，过分狎昵而不拘礼节，也难以维持正常的情谊。比如夫妻之间，不是只靠爱情的力量就能促成美满的婚姻，更为重要的是要相敬如宾，彼此客客气气，给对方应有的尊重。其他各种人际关系的交往也是如此。

礼是人类行为的规范

礼是人类行为的规范，没有礼，人就变得野蛮；没有礼，人就不具备社会学的意义。仁与礼的关系非常密切。孔子说："人而不仁，如礼何？人而不仁，如乐何？"礼、乐不只是外在的行为规范以及怡情养性之道，最重要的是要有内在的仁德的修养。而仁德的修养，必须以礼乐为辅助，言行举止都要能合于礼的要求。颜渊问仁，子曰：克己复礼为仁。请问其目，曰：非礼勿视，非礼勿听，非礼勿言，非礼勿动。孔子认为礼是社会文明的必然产物，我们的饮食起居，言行穿着，都要有一定的准则，譬如服饰，什么时候穿什么衣服，什么场合穿什么衣服，都要很得体，才不会失礼。《论语·乡党》篇记载孔子的日常生活非常详细,"入公门,鞠躬如也,如不容。立不中门,行不履阈。过位,色勃如也,足躩如也,其言似不足者。摄齐升堂,鞠躬如也,屏气似不息者。出,降一等,逞颜色,怡怡如也。没阶,趋进,翼如也。复其位,踧踖如也"。这是孔子上朝,在朝廷之礼。孔子进朝廷大门的时候,显出非常恭敬谨慎的样子,好像自己没有容身之地。不站在门中间,不踩在门槛上。经过国君所坐的座位,必定面色庄敬,走路脚步加快,说话好像说不出来。提起衣服下摆,向堂上走,敛身屏气像不能呼吸。出了朝堂,下了台阶,脸色便舒缓些,显出和悦的样子,走完台阶,快步走,像鸟舒展翅膀一样。孔子一举手,一投足,都合于礼。

林放问孔子礼之本。孔子回答说:"礼,与其奢也,宁俭;丧,与其易也,宁戚。"一般的礼,与其过于奢侈,宁可俭约;丧礼,与其注重外在礼节的完备,宁可内心哀戚些。孔子强调礼的实践,内心的真诚最重要,而不是要繁文缛节。

对于礼的重要性,孔子说:"恭而无礼则劳,慎而无礼则葸,勇而无礼则乱,直而无礼则绞。"恭敬而不合礼,便会烦扰徒劳;谨慎而不合礼,便会畏怯多惧;好勇而不合礼,便会犯上作乱;正直而不合礼,便会急切责人。

孔子反对不守礼制的行为

孔子曾说:"甚矣吾衰也!久矣吾不复梦见周公!"周公制礼、作乐,孔子删《诗》《书》,订礼乐,孔子对夏、商、周三代的礼制很有研究,孔子说:"夏礼,吾能言之,杞不足征也。殷礼,吾能言之,宋不足征也。文献不足故也,足则吾能征之矣。"又说:"殷因于夏礼,所损益可知也,周因于殷礼,所损益可知也;其或继周者,虽百世可知也。"又说:"周监于二代,郁郁乎文哉,吾从周。"孔子赞美周代礼制的完备,而以继承周朝的德业自居,对于不守礼制的诸侯、大夫,则严词苛责。

季氏是鲁国大夫,却僭用天子八佾的舞乐,所以孔子说:"是可忍也,孰不可忍也。"古代天子宗庙之祭,撤祭品时,歌《雍》诗以娱神,鲁国大夫孟孙、叔孙、季孙三家,家祭撤除祭品时,也歌唱雍诗,孔子也严词讥刺。古代国君宫殿前树立屏风,管仲家门前也树立屏风;国君为显示两国国君的友好,设宴时,在正堂的两边设有放酒杯的坫,管仲宴客也设有那样的坫,所以孔子批评说:"管氏而知礼,孰不知礼?"

子贡要把每月行告朔礼所供奉的饩羊免掉,孔子说:"子贡啊!你是爱惜那只羊,我却爱惜礼制。"当然,礼不应该只是繁缛的礼节，中国自古是礼仪之邦，大大小小都要讲求礼数，个人的应对进退，也不能没有规矩。"古之大事，唯祀与戎。"礼，维系天与人的关系，中国古代对鬼神、山川，都怀持敬畏，要用隆重的牲品祭祀，祈求国泰民安，五谷丰登。

孔子对乐十分重视

孔子对乐也十分重视。孔子说："吾自卫反鲁，然后乐正，雅颂各得其所。"孔子从卫国回到鲁国，订正音乐，使雅、颂诗乐回到原来适当的位置。孔子"恶郑声之乱雅乐"，孔子讨厌郑国淫靡的音乐，扰乱先王雅正的音乐。孔子做鲁司寇三年，实现了"夜不闭户，路不拾遗"。诸侯担心鲁国大治，会造成威胁，齐国便送了一批歌姬舞女给鲁国。鲁国国君一连三天不上朝，孔子只得辞官离开鲁国。

阅读省思：

1. 你的行为讲求中规中矩吗？
2. 你喜欢欣赏音乐吗？

孔子的教育理念

孔子是中国古代最伟大的教育家,被世人尊称为万世师表。他的教育思想代代相传,成为中华文化最珍贵的瑰宝。孔子的教育思想,强调有教无类,强调身教重于言教,强调因材施教,强调启发引导,万古常新,很符合现代的教育精神。

有教无类

古代学在官府,只有贵族才有机会接受教育。孔子首开私人讲学的风气,他30岁就开始招收学生授课,学生不分富贵贫贱,智愚美丑,一视同仁,只要有心学习,孔子都能抱持鼓励的态度,乐于教学。孔子说:"自行束修以上,吾未尝无诲焉。"修是干肉,类似于现在的腊肉,束修,就是十条干肉,古人把十条干肉扎成一束,作为拜师的见面礼。当然,拜师的见面礼,未必都是肉品,布棉菽粟应该也可以,每个人的经济能力不同,孔子是极有爱心的教育家,不会计较礼物的贵贱轻重。

"互乡难与言。童子见，门人惑。"互乡这地方的人不讲道理，很难跟他们交谈。有一个互乡的小孩求见，孔子接见了他。弟子们感到疑惑。孔子说："我是赞赏这位互乡的小孩有上进心，他肯洁身自好以求见，为什么不肯定他的好学，而去追究过去的行为呢？"

因材施教

孔子教导学生，能够做到因材施教，根据每个人的资质、秉赋的不同，给予不同的教育模式与内容。季康子问孔子，子由、子贡、冉求三人，适合于从政吗？孔子回答说："由也果""赐也达""求也艺"。子由、子贡、冉求各有长处，果敢、通达、多才艺，都是为政必备的能力。这说明，孔子对弟子们的才能和优势有非常清楚的了解。

子贡问孔子，子张与子夏两个人哪一个贤明。孔子回答说："师（子张）也过，商（子夏）也不及。"对于另外几个学生，孔子也有比较准确的评价："柴也愚，参也鲁，师也辟，由也喭。"柴，姓高，字子羔。参，曾参。师，子张。由，子由。四人都是孔子的学生，四个人的个性，各有不同。愚，智不足。

鲁，鲁钝。辟，善口给。喭，粗俗。

颜回是孔子最得意的弟子，德行修养特别好，却不幸早逝，孔子说到颜回："回也其庶乎，屡空。"颜回庶乎近道，可惜家中贫困；而对于另一个以经商出名的学生子贡，孔子的评价是："赐不受命，而货殖焉，亿则屡中。"子贡不愿做官，爱做生意，很有生意头脑。

子路好勇过人，冉求遇事畏缩，两人个性不同，孔子因材施教，在被问到"闻斯行诸"的问题时，鼓励冉求听到合于义理的事，就立刻去做；子路向父兄请教之后再去做。

启发式教学

孔子说："有鄙夫问于我，空空如也，我叩其两端而竭焉。"鄙夫，指乡下人，就算没有多少知识的乡下人向孔子问学，孔子也不会一开始就直接告诉答案，而是用引导式的方法，让乡下人自己去体会、领悟，从问题的正反两面加以分析，最后再详尽地告诉对方结果。每个人的智能不同，有的人是"生而知之"，有的人是"学而知之"，有的人是"困而知之"，如果是"困而不学，民斯为下矣！"笨的人可以以勤补拙，智能困顿而又懒惰的人，就只能是下等了。

孔子教育学生，强调触类旁通，举一反三。子贡问："贫穷的人能不谄媚，富有的人能不骄傲，如何呢？"孔子说："是不错了，不过如果贫穷的人能自得其乐，富有的人好礼，就更好了。"子贡听了之后，及时引《诗经》的话："如切如磋，如琢如磨。"引申孔子的话，孔子特别嘉许他，"赐也，始可与言诗已矣！告诸往而知来者"。子贡很聪明，反应灵敏，同时也很好学，能够活用所学，而不是死记文字，当然也能体现出孔子教学的成功。

《诗》《书》《礼》《乐》是孔子平时教育学生的教材。子夏问孔子："巧笑倩兮，美目盼兮，素以为绚兮。"这几句话什么意思？孔子说：一个人如果有倩、盼的美质，还能有华丽的装饰，就像在素白的底子上画花，更加光彩夺目。子夏悟性颇高，听了孔子的解释，立刻联想到人有诚信之质，还要有礼仪之饰。孔子很高兴，子夏能有启发，也说："始可与言诗已矣！"孔子曾说："不愤不启，不悱不发，举一隅不以三隅反，则不复也。"愤，心求通而未得之意；悱，口欲言而未能之貌。启，谓开启。发，谓达其辞。物有四隅，举一可知其三，对于不能做到举一反三的学生，孔子便不再教他了。

孔子对好学的学生，会经常鼓励，但是对不好学的学生，也会加以责备。冉求说他不是不喜欢孔子之道，是能力不足。孔子回答说：你自认为能力不足，其实是没有努力去做。一个人做事不成功，往往是被自己打败的，自己对自己没有信心，不愿全力以赴，当然就得不到成功的甜蜜果实。任何人做任何事，只要相信，只要愿意，只要坚持，就能成功。

阅读省思：

1. 你能主动学习，举一反三吗？
2. 你平时会经常鼓励别人吗？

孔子的诗教

　　孔子在晚年，专心于学术研究和教学工作。他在学术上最大的成就，是整理上古的文献，删《诗》《书》，订礼乐，赞《周易》，修《春秋》。在诗教方面，孔子说："吾自卫反鲁，然后乐正，雅颂各得其所。"诗篇有雅颂的体制，乐也有分雅颂的音律。孔子自述从卫国返回鲁国之后，才把雅颂的诗乐订正，《史记·孔子世家》也说："古者《诗》三千余篇，及至孔子去其重，取可施于礼义……三百五篇，孔子皆弦歌之，以求合《韶》《武》《雅》《颂》之音。礼乐自此可得而述，以备王道，成六艺。"

　　孔子以礼、乐、射、御、书、数六艺，加上《诗经》《周易》《春秋》，教育学生。"子以四教：文、行、忠、信。"这里所说的"文"，就是指古代的典籍，包括诗、书之文。

诗者，志之所之也

《诗经》是中国最早的诗歌总集，周天子派大臣到各地采集歌谣，以观民风；天子听政，也使公卿、列士献诗，考察时尚美恶。春秋时代，各国之间的外交使者，经常用歌诗或奏诗来表达个人的心志，类似于现在的外交辞令。《左传·哀公二十七年》："郑伯享赵孟于垂陇，子展、伯有、子西、子产、子大叔、二子石从。赵孟曰：七子从君，以宠武也，请皆赋，以卒君贶，武亦以观七子之志。"郑伯宴请晋国赵孟，郑国七个大夫作陪，赵孟请七个大夫赋诗言志。七个大夫的赋诗，大多在称美赵孟，联络晋、郑两国的友谊，赵孟对这些颂美，有的自谦不敢受，有的回敬几句好话。

《诗经·大序》："诗者，志之所之也。在心为志，发言为诗。情动于中而形于言；言之不足，故嗟叹之；嗟叹之不足，故永歌之，永歌之不足，不知手之舞之，足之蹈之也……故正得失，动天地，感鬼神，莫近于诗。先王以是经夫妇，成孝敬，厚人伦，美教化，移风俗。"这段话意在说明"诗以言志"，古代先王以之作为教化的工具。《诗经》中的文字，纯朴自然、优美动人，孔子说："诵《诗》三百，授之以政，不达；使于四方，不能专对，虽多，亦奚以为？"可见古人为政，一定要熟读《诗经》，以《诗经》作为应对的题材。

不学诗,无以言

孔子对《诗经》有很大的评价,他对《诗经》的思想内容,说:"《诗》三百,一言以蔽之,曰:'思无邪。'"国风中有很多情诗,虽然有些情诗被宋代的道学家称为"淫诗",但是基本上都是"发乎情,止乎礼"。《诗经》中也有不少嘲讽时政的作品,但也如同"诗大序"所说:"上以风化下,下以风刺上,主文而谲谏,言之者无罪,闻之者足以戒。"所以"思无邪"的意思,一方面表示创作者心思纯正,立意无邪,另一方面强调教化的功能,"言之者无罪,闻之者足以戒"。

孔子说:"兴于诗,立于礼,成于乐。"诗可以鼓舞人的意志,使人树立起向善的心;礼可以端正人的作为,使人的品行卓然自立;乐可以涵养人的性情,使人培养起完美的人格。宋朝朱熹《四书章句集注》:"凡诗之言,善者可以感发人之善心,恶者可以惩创人之逸志,其用归于使人得其性情之正而已。"说的就是这个道理。

孔子不论是教育学生,还是教育他的孩子孔鲤,都非常重视诗教。有一天,孔子弟子陈亢问孔子儿子孔鲤,孔子有没有交他特别的学问,孔鲤回答:没有。只是孔子曾经问他学诗了吗?学礼了吗？"不学诗，无以言。""不学礼，无以立。"不学诗就不懂得怎样讲话，不学礼就不能在社会上立足。在诗教方面，孔子强调学诗的实用目的，"小子何莫学夫诗？诗，可以兴，可以观，可以群，可以怨。迩之事父，远之事君；多识于鸟、兽、草、木之名。"学诗的作用，除了作为外交辞令的政治功能，也有其社会教化的意义和增广知识见闻的价值。

"兴、观、群、怨。"读诗可以激发个人的情志，可以考量时政的得失，可以沟通大众的感情，也可以抒发个人的怨怒。

孔子与学生谈诗

孔子教育学生，经常与学生一起讨论学问，对于学有心得的学生，会给予鼓励肯定。子贡问一个人如果做到"贫而无谄，富而无骄"，怎么样呢？孔子说：已经很不错了，但是如果能做到"贫而乐，富而好礼"，那就更好了。子贡接着引述《诗经·卫风·淇奥》："如切如磋，如琢如磨"的诗句，问孔子是不是要精益求精的意思，孔子见子贡能够学有所用，把《诗经》的句子融会贯通，非常高兴，夸奖子贡说："赐也，始可与言诗已矣！告诸往而知来者。"

子夏问孔子《诗经·卫风·硕人》诗句："巧笑倩兮，美目盼兮，素以为绚兮。"是什么意思？从字面意义上理解，"巧笑倩兮"，形容女子的笑容可爱；"美目盼兮"，形容女人的眼睛很漂亮；"素以为绚兮"，强调素白的底子要再加上美丽的彩妆。孔子说："绘事后素"，绘画时先把素底打好，再加上五彩的颜色。子夏很聪明，触类旁通，立刻联想到"礼后乎"，一个人先要有忠信的美德，然后再用礼来文饰。孔子很开心，认为子夏的看法对他很有启发，"起予者商也，始可与言诗已矣！"

　　孔子是伟大的教育家，他教育的学生都卓然有成，子贡是政事科的代表，子夏是文学科的代表，从他们与孔子的对话当中，可见他们平日都能熟读《诗经》，所以随手拈来，便应用到日常生活之中。孔子的教学非常重视诗与礼、乐，"兴于诗，立于礼，成于乐"。这是因为诗、礼、乐三项学问对于人格的培养和性情的涵养特别重要。

阅读省思：

　　1. 你喜欢读诗吗？如果不喜欢，读完此文是否应多培养自己读诗的习惯呢？

　　2. 你最喜欢哪些诗人的作品呢？

孔子与好学精神

学习是一辈子的事,活到老,就要学到老。人的一生有学不完的事,只有见识浅陋的人,才会像井底之蛙那样,自以为很了不起;否则,学得愈多,愈是觉得不足,所谓"学然后知不足",就是这个道理。孔子是伟大的教育家,后人尊称他为"万世师表",他自述自己是"学而不厌,诲人不倦"。又说:"发奋忘食,乐以忘忧,不知老之将至。"由此可见他的好学精神。《论语》全书二十篇,第一篇《学而》开宗明义地谈到勤学的重要性,孔子说:"学而时习之,不亦说乎!"强调了学习的态度与方法。

教,是上所施;学,是下所效。人从懂事开始,就跟父母、老师、朋友学习各种做人做事的道理。"习"字的本义是"鸟数飞也"。鸟不是天生就会飞行,而是经过一遍遍的尝试,从失败中领悟成功的道理。人生的各种知识技能,往往不是一学就会的,而是要经过很多次的努力,像鸟儿练习飞行一样,不怕失败,最后才能学到自己想学的东西。一个人学到自己想学的东西,当然是一件很开心、很愉快的事。

孔子十有五而志于学

孔子自述他一生的成长，"吾十有五而志于学，三十而立，四十而不惑，五十而知天命，六十而耳顺，七十而从心所欲，不逾矩"。孔子活了73岁，他的一生，除了在教育学生，他自己也在不断学习，不断教育自己。孔子的幼年时代，生活非常贫困，3岁的时候，他的父亲孔叔梁纥就去世了，孔子很上进，15岁立志向学，30岁就卓然有成，并开始授徒讲学。在他早期的弟子中，比较知名的有颜路（颜回的父亲）、曾点（曾参的父亲）、子路等人。

志于道，据于德，依于仁，游于艺

到了40岁，孔子不再有疑惑，50岁明白自己的本分，60岁听到不中听的话也不会气愤，70岁心里想什么就做什么，不会逾越规矩。这些人生的阅历、涵养，都是靠勤学而来。教育的功能很多，最重要的是人格的陶冶、品德的修养。人在天地间，最重要的责任，就是做一个好人。一个人可以没有学问，没有财富，没有权位，但不能不懂做人的道理，孔子的伟大，最主要的就在于他有高洁的人格。

古代的教育内容不像今天这么广泛、多元，孔子当年教育学生,只提出"志于道,据于德,依于仁,游于艺"四句话。立志学道,以德为据,归依于仁,悠游于艺。孔子以六艺教导学生,六艺是礼、乐、射、御、书、数,孔子的教育内容,除了知识的获得、技能的学习,最重要的是品德的修养。

立志读书,要像颜回一样,"一箪食,一瓢饮,在陋巷,人不堪其忧,回也不改其乐"。如果一个人志在求学,却以当下的口体之养不如别人为耻,志趣鄙陋,就不足与论道。书中天地宽,读书有成,自然不必担心没有好的生活条件。

学问的增进,是点点滴滴,日积而月累,不是一朝一夕能够完成的,所以孔子说:"譬如为山,未成一篑,止,吾止也;譬如平地,虽覆一篑,进,吾往也。"任何事业的成败,成者、自成也,毁者、自毁也。填土造山,如果还差一个畚箕的土,则将功亏一篑;填平洼地,即使只倒了一畚箕的土,继续填倒,也必有成功之日。

勤学典范

古今勤学成功的例子很多,东汉匡衡"凿壁借光"的故事,即为一例。匡衡年轻的时候,家里很穷,没有钱念书,他村子里一位老先生家里很多书,他就到老先生家里做佣人,不拿工钱,只要求每天借一本书回家看。匡衡家里实在太穷，晚上没有灯看书，正好他家隔壁是织布的店，晚上也要开灯工作，匡衡就在墙壁上凿了个洞，借着洞口的微弱灯光看书。匡衡后来终于勤学有成，当了汉元帝丞相。

严长寿是很多台湾年轻人的楷模，他只有高中学历，当兵退伍时23岁，在美国运通公司台湾分公司当一名普通员工，他工作非常勤奋，5年之后就晋升台湾分公司总经理。32岁时，严长寿担任台北亚都饭店总裁，成为国际旅游界名人。严长寿的成功，主要来自吃苦耐劳、勤学上进，凡事充分准备、勇于创新突破，以及永不放弃的人格特质。他在部队当兵的时候，每天收听美军电台，强迫自己把学习英文当作生活的一部分，以弥补学历的不足，他的外语能力因此有了很大提高。他在美国运通公司任职的时候，秉持"垃圾筒哲学"，其他同事不愿意做、不想做的事，他都接过来处理，结果他从中得到充分的学习，锻炼出全方位的能力。

学如不及，犹恐失之

孔子说："学如不及，犹恐失之。"人生有太多要学的事，尤其在今日科技发展非常迅速的时代，各种信息和知识不断更新，赶不上时代脚步的人就很容易被淘汰。以前，老师告诉我们："满足现状，就是落伍。"我们今日却要告诫学生："进步少，就是落伍。"

孔子说："不愤不启，不悱不发，举一隅不以三隅反，则不复也。"孔子的教学，注重启发，要求学生能够举一反三，触类旁通。教育的意义，在于教育学生懂得自学，很多学生自我学习的意愿不高，所以学习始终没有成效。孔子说："饱食终日，无所用心，难矣哉！"孔子批评宰予昼寝："朽木不可雕也，粪土之墙不可圬也。"这是很严厉的指责。英国文学家莎士比亚说："生活里没有书籍，好像没有阳光。"西方有句谚语："Richer is reader."由此可见，不论是东方还是西方，所有成功的人，都是喜欢阅读的人，这很值得我们深入思考。

阅读省思：

1. 你有每天读书的习惯吗？如果没有，请注意培养。
2. 你能专心于学习吗？

孔子的言语教学

在孔门四科（德行、政事、文学、言语）中，言语是其中一科，可见言语的教学在孔子的教学活动中，占有很重要的地位。在言语一科中，孔子举的代表人物是宰我、子贡，两人都才思敏捷，对答如流。鲁哀公曾经问宰我做土地神的牌位要用什么木材？宰我回答说：夏代用松木，殷代用柏木，周代用栗木。周代用栗木是要使百姓战栗。

君子于其言，无所苟而已

孔子是反对巧言令色的，他说："巧言令色足恭，左丘明耻之，丘亦耻之。"孔子认为，"巧言乱德。"当有人批评冉雍口才不好，孔子便说："何必要有好的口才呢？用巧变锐利的口才对付人，常会被人憎恨。"所以孔子主张谨言慎行，"君子于其言，无所苟而已矣"！

宰我聪明有余，用功不足，白天睡懒觉。孔子非常严厉地责备他:"朽木不可雕也,粪土之墙不可圬也。"而且说:"始吾人于人也,听其言信其行;今吾于人也,听其言观其行,于予与改是。"又曾说:"以言取人,失之宰予;以貌取人,失之子羽。"可见孔子对宰我的学习态度,是很不满意地批评。

子贡也是孔子学生中言语科的代表,他的口才很好。子贡曾赞美孔子:"见其礼而知其政,闻其乐而知其德,由百世之后,等百世之王,莫之能违也。自生民以来,未有夫子也。"(见《孟子·公孙丑上》)可见他对老师极为推崇。子贡甚至说:"仲尼,日月也,无得而逾焉。""夫子之不可及也,犹天之不可阶而升也。"(见《论语·季氏》)另外,他不仅赞扬孔子,也很谦虚地认为自己的才德比不上颜回,说:"回也闻一以知十,赐也闻一以知二。"因此,孔子赞许子贡像宗庙盛稷之器(瑚琏),为器之贵重而华美者,犹言廊庙之材。

君子耻其言而过其行

孔子的言语教学,强调言行一致。孔子说:"古者言之不出,耻躬之不逮也。"古人不妄说话,是怕说了而做不到,"君子耻其言而过其行"。言过其实,君子以为耻;言行不能一致,君子也引以为耻。因此,孔子说:"君子欲讷于言,而敏于行。""讷"是说话迟钝,"一言兴邦,一言丧邦"。伶牙俐齿的人会倾覆家邦。孔子说:"刚、毅、木、讷,近仁。"意志刚强、行为果断、性情质朴、说话迟钝,这四种人接近于仁者,孔子不轻易以仁许人,而对于木讷的人,则给予很高的肯定,他甚至有"予欲无言"之叹。

做人做事要言而有信,信誉是人的第二生命,一个人失信于人,就不能立足于天地之间,"民无信不立",说的就是这个道理。孔子说:"人而无信,不知其可也。"可见信对于一个人的重要性。子贡问君子,孔子回答说:"先行其言,而后从之。"做人要讲诚信,做到了再说,不能说了却不做。君子有九思,"言思忠"是其中之一,说话要有忠厚诚恳。

侍于君子有三愆

孔子说:"侍于君子有三愆,言未及之而言,谓之躁;言及之而不言,谓之隐;未见颜色而言,谓之瞽。"我们一般人说话,容易犯三种错误:不该说话的时候抢着说话,该说话的时候却不说话,没有看清对方的脸色就轻率发言。说话是一门艺术,要选对时间，选对地点，选对人，说对的话，"时然后言，人不厌其言""可与言而不与之言，失人；不可与言而与之言，失言；知者不失人亦不失言"。侍奉父母，如果父母有过错，为人子女只能"几谏"，低声下气，柔声以劝，如果父母不听，就要"又敬不违，劳而不怨"。对事讲理，对人讲情，尤其是对自己的父母，更是要宽待而不能苛求责备。交友之道也是如此，朋友之间当然要互相规劝，但是忠言逆耳，如果对方听不进去，也就适可而止，换一种方式劝说。孔子说："忠告而善道之，不可则止，毋自辱焉。"

孔子说："不知命，无以为君子也；不知礼，无以立也；不知言，无以知人也。"不能辨识别人言语的是非，便无法辨识别人的好坏。孔子说："有德者必有言，有言者不必有德。"说话的技巧是可以训练出来的，有些人鼓其三寸不烂之舌，口若悬河，能说会道，出口成章，但是未必真心诚意，诚恳朴实。所以我们要"视其所以，观其所由，察其所安"。同时，不要信口开河，说不负责任的话，"乡愿，德之贼也"。对于说话、做事只求讨好、逢迎别人，而不负责、不真实的人，孔子批评他们是"德之贼"。

言之不怍，则为之也难

孔子说："其言之不怍，则为之也难。"大言不惭的人，说话是很难兑现的。君子不会因为一个人说话好听就亲近他，损者三友，是"友便辟，友善柔，友便佞"。惯于逢迎的人、工于献媚的人、口辩无实的人，结交这三种人就会受到伤害，不能不谨慎。

孔子是个很严谨的人，但是也有风趣的一面。有一天孔子到武城，听到弦歌的声音，孔子笑着说："杀鸡焉用牛刀呢？治理小邑，何必用礼乐大道呢？"子游说："老师以前说在上位的人学习礼乐，就能爱恤人民，庶民学习礼乐，容易听从教令。"孔子说："子游讲得对，我刚刚是开玩笑的话。"幽默能化解尴尬，增进生活的喜乐。这也是孔子言语教学的一部分。

阅读省思：

1. 你该如何培养自己的说话技巧呢？
2. 你常常学习名人的演说技巧吗？

孔子的师生情谊

孔子是伟大的教育家,他首开私人讲学的风气,他以"有教无类"的精神,广收弟子,前后达三千多人。身通六艺的七十二人,斐然成章的十哲,被孔子分为"四种":"德性:颜渊、闵子骞、冉伯牛、仲弓;言语:宰我、子贡;政事:冉有、季路;文学:子游、子夏。"

颜回最好学

在众多弟子中,孔子最喜欢的是颜渊。颜渊比孔子小30岁,非常好学,孔子曾说:"语之而不惰者,其回也与?"又说:"惜乎,吾见其进也,未见其止也。""吾与回言终日,不违如愚,退而省其私,亦足以发,回也不愚。"颜渊是个很优秀的学生,上课十分认真,但很少提问题。孔子最初还以为他愚笨,听不懂上课的内容,后来才发现,颜渊是非常聪明的,而且努力实践老师的教诲。有一天,孔子问子贡,他和颜渊哪一个比较优秀,子贡回答说:"当然是颜渊优秀,颜渊闻一以知十,我只能闻一以知二"。颜渊家境贫穷,但是能够安贫乐道,"一箪食,一瓢饮,在陋巷,人不堪其忧,回也不改其乐"。鲁哀公问孔子,弟子之中谁最好学,孔子回答说:"有颜回者最好学,不迁怒,不贰过,不幸短命死矣。今也则亡,未闻好学者也。"颜渊的德行修养,能够不把自己的怒气迁移到别人身上,也从来不会再犯同样的错,真是十分难得。孔子说他"三月不违仁,其余则日月至焉而已"。在孔子看来,颜渊能够长久地坚持仁德,其余的学生只能偶尔做到,通过与其他学生的对比,可以看出颜回是孔子最满意的学生。

颜渊死的时候才42岁,孔子很悲痛,"颜渊死,子曰:'噫,天丧予,天丧予!'"又:"颜渊死,子哭之恸。从者曰:'子恸矣。'子曰:'有恸乎? 非夫人之为恸而谁焉?'"孔子69岁时,他唯一的儿子孔鲤去世了,过了两年,他最喜爱的弟子颜回也死了,可以想见他老人家内心的难过、伤痛。

子路很有政治才华

子路是孔子学生中年纪较大的，比孔子小9岁而已。子路在孔门四科中，属于政事科，他自称"千乘之国，摄乎大国之间，加之以师旅，因之以饥馑，由也为之，比及三年，可使有勇，且知方也"。子路自认为让他治理拥有千辆兵车的大国，即时外有强敌，人民穷困，三年之后也可以使人民勇于作战，而且知道很多道理。孔子听了之后，只是笑了笑，认为他太自大，不懂礼让谦逊。不过，孔子还是肯定他的政治才华的，"千乘之国，可使治其赋"。他认为子路的能力，足以治理千乘大国的军事。子路"片言可以折狱"，季康子问孔子，子路适合从政吗？孔子回答说："子路个性果断，管理政事不会有困难。"子路好勇是很出名的，孔子曾说："道不行，乘桴浮于海，从我者，其由与！"孔子感叹大道不行，想要乘坐木筏到海外，能跟他一起的，大概只有子路。子路听了很高兴。孔子接着说："由也，好勇过我，无所取材。"孔子告诫子路不能只凭一股勇气，也要能裁度事理。

有一天，子路问孔子："子行三军则谁与？"孔子说："暴虎冯河，死而无悔者，吾不与也。必也临事而惧，好谋而成者也。"子路好勇而无谋，孔子担心他下场会很不好，果然子路后来在卫国的内乱中被杀害，剁成肉酱。孔子知道后，从此不再吃肉酱，可见他与子路师生情谊的深厚。

子贡是瑚琏之器

　　子贡是孔子的得意弟子，孔子曾经称赞他是"瑚琏之器"，瑚琏是宗庙祭祀时盛装黍稷的器皿，是贵重之器，表示子贡可以成为国家的重要官员。子贡比孔子小 31 岁，年轻有为，机智过人，口材甚佳，是孔门四科中言语科的高材生。季康子问孔子，子贡适合从政吗。孔子回答说：子贡为人很通达，处理政事会有什么困难呢？子贡曾做鲁、卫两国之相，还善于经商，在曹、鲁两国之间经商时，富致千金，是孔子弟子中的首富。孔子说："赐不受命而货殖焉，亿则屡中。"子贡不去做官而做生意，预测物价行情，每每都能猜中。

　　子贡对孔子是非常推崇的。鲁国大夫叔孙武叔在朝廷向大夫们说：子贡的学问、品行胜过孔子。鲁国大夫子服景伯把这番话转述给子贡，子贡说："譬如房子的围墙，我的围墙高度只到肩膀，从墙外便可以看到屋子的华美。我老师家围墙的高度有好几丈，如果找不到大门进去，是看不到里面宗庙装饰的辉煌的。能够找到大门进去的人很少，武叔不了解我的老师，才会说我胜过我的老师。"

孔子晚年重病,临死前几天,子贡前往探视。孔子一早起来,拄着拐杖,站在门口,唱着叹说:"泰山其颓乎!梁木其坏乎!哲人其萎乎!"泰山就要崩塌,梁柱就要折断,哲人就要凋谢。孔子已经预感自己就要死了。子贡听了之后,来到屋内,孔子告诉他:"予畴昔之夜,梦坐奠于两楹之间,予殆将死也。"七日之后,孔子过世,葬于鲁国城北泗上,数千名弟子们都来哀悼,鲁哀公也莅临丧礼。子贡说:"生不能用,死而诔之,非礼也。"颇有责怪鲁君不能重用孔子之意。孔子死了之后,弟子皆守丧三年,子贡独自在墓旁住了六年,可见其哀思。

孔子与弟子有深沉的师生之情,孔子对每个学生的性格、能力,知之甚深,能够因材施教,所以很多弟子都很有成就,也很感念孔子的培育之恩。他们对孔子的尊敬,都是发自内心最真诚的推崇与爱戴。

阅读省思:

1. 你会时常感念你的老师吗?
2. 你会记住老师对你的教诲吗?

孔子的志向与理想

　　志向是一个人的生命理想，古今中外所有成功的人士，都不是靠运气而成功的，而是靠志向。志向是一个人努力的目标，我们从小到大，天天谈志向，想要将来能如何如何；每个人的生命理想都是很完美的，都是满怀希望的。可是随着时间的流逝和年龄的成长，我们发现真实的人生并不像想象中那么可爱。美丽的愿景，像五彩的泡影，一个一个被残酷的现实挤压破灭，很多人就灰心丧志，一蹶不振。只有勇者扮成生命的斗士，不屈不挠，屡败屡战，最后成为众人仰慕的佼佼者。

孔子与弟子谈志向

　　孔子从小生长在贫困的家庭，3岁丧父，但是15岁时就立定志向，勤奋好学，想要成就天下为公的大同世界。有一天，颜渊、季路二位弟子陪侍在孔子身边，孔子要他们谈谈自己的志向。季路抢先说：他愿意把自己的车子、马匹、皮衣等等贵重的东西，拿出来与朋友共享，朋友用坏了也不会难过。颜渊说：他希望能做到不夸大自己的长处，不张扬自己的功劳。子路问孔子的志向是什么。孔子说：他希望全天下的老人都能得到赡养，年轻力壮的人都有工作而且彼此诚信相待，年幼的小孩都得到照顾。

　　季路的志向，当然十分可贵，我们一般人都有私心，季路愿意把他的财富与别人分享，真是很难得。但是季路的志向是有条件的，他必须有财富才能与别人分享，否则他的理想就只是空话，乞丐自己都没饭吃，怎么奢谈去救济别人呢？

　　颜渊的志向是修养品德，只要自己有心就能做到，不必等待外在的物质条件。季路的志向是有条件的，颜渊的志向是没有条件的。不过，颜渊的志向只是独善其身而已，不像孔子的志向，"老者安之，朋友信之，少者怀之"。是兼济天下。孔子希望有一天，大道通行的时候，"天下为公，选贤与能，讲信修睦。故人不独其亲，不独子其子，使老有所终，壮有所用，幼有所长，鳏寡孤独废疾者皆有所养；男有分，女有归，货恶其弃于地也，不必藏于己，力恶其不出于身也，不必为己，是故谋闭而不兴，盗窃乱贼而不作，故外户而不闭，是谓大同"。这样伟大的志向，放诸四海而皆准,即便在今天,也应该是所有政治家共同努力的目标。

有一天,子路、曾皙、冉有、公西华随侍坐在孔子身边。孔子问他们四个人,如果有机会被赏识重用,他们想做什么。子路说:"千乘的大国,夹在大国之间,外有战争的威胁,内有灾荒的忧患,如果由我来治理,三年之后,就可以使人民都很勇敢,而且懂得一些大道理。"冉有说:"假定有六七十里,或五六十里的小国家,由我治理,三年后,可以使人民富足,至于修明礼乐,必须另请有才德的人来做。"公西华说:"我不敢说能做到怎么样,但愿努力学习,像宗庙的祭祀,诸侯相互会见,穿着礼服,戴着礼帽,我愿意做个小司仪。"

曾皙的志向是暮春的时候,穿着春天的衣服,带着五六个年轻人,六七个小朋友,到溪水边玩水、兜风,然后快乐地唱着歌回家。

人各有志,有人志在高山,有人志在流水,钟鼎山林,各适其性。子路志在做大官,不过口气太大了,孔子笑一笑而已。冉有、公西华相对于子路,好像志气小一点,却是谦虚许多,反而得到孔子的赞许。曾皙闲适自得的志向,最得孔子的肯定,孔子一生志在淑世,周游列国十四年,没有得到诸侯的重用,施展他的伟大抱负,当然也希望能够像曾晳一样逍遥自在。

孔子对学生的能力都很了解,孟武伯问孔子,子路、冉有、公西华是否已做到仁者,孔子不轻以仁许人,但是肯定他们三人的才华,子路"千乘之国,可使治其赋",冉有"千室之邑,百乘之家,可使为之宰",公西华"束带立于期,可使与宾客言"。子路的才华在政治,冉有的才华在财政,公西华的才华在外交。三人各有所长。

孔子不忧不惧,坚持理想

志向是一个人对自己未来发展的愿望,心中的愿望能不能实现,谁也没有把握,"人算不如天算",但是一个对自己很有信心的人,他的理想是比较容易实现的。孔子的理想崇高,虽然在当时不被认可,在周游列国期间,甚至有几次面临生命的危险、生活的困顿,但是孔子以坚定的信心,不忧不惧,渡过难关。

孔子在卫国,没有得到卫灵公的器重,待了一段时间就离开了,经过宋国的匡城,突然被当地人团团围困,因为他们把孔子误认为是在匡城做过很多坏事的鲁国的阳虎。在被围困时,孔子内心很平静，他说："文王既没，文不在兹乎？天之降丧斯文也，后死者不得与于斯文也，天之未丧斯文也，匡人其如予何？"孔子以继承文化传统为己任，所以能够临危不惧。

匡城解困之后，孔子又回到卫国，卫国内乱，蒯辄、蒯聩父子争位，孔子只好再次离开卫国。到了宋国，桓魋想杀害孔子，孔子变换便服，逃离宋国，孔子说："天生德于予，桓魋其如予何？"这是孔子最为自信的地方。孔子在陈绝粮，弟子们都忍不住了，孔子说："君子固穷，小人穷斯滥矣！"卫国仪邑的封疆官吏见了孔子之后，对孔子的弟子说："二三子，何患于丧乎？天下之无道也久矣，天将以夫子为木铎。"木铎，木舌之铃，古代施政时所振，以警民众。孔子的德业，像警世的木铎，可以垂教世人，垂教万世。这是封疆官吏对孔子极高的评价，也说明了孔子志向的崇高与伟大。

阅读省思：

1. 你的伟大抱负是什么呢？
2. 你为实践你的理想而努力了吗？

孔子论交友

"朋友像一本书""朋友像一座桥""朋友像烛光""朋友像生活中的太阳""朋友是永远的财富",都在说明朋友的重要性。我国自古以来即非常重视朋友的重要性,把朋友的关系列为五伦之一。《中庸》:"君臣也,父子也,夫妇也,昆弟也,朋友之交也,五者,天下之达道也。"《孟子·滕文公》:"(舜)使契为司徒,教以人伦。父子有亲,君臣有义,夫妇有别,长幼有序,朋友有信。"可见中国古代就已经知道利用教育的方式,教导百姓做人的道理,使人与人之间能够和睦相处,人人享受和谐快乐的生活。

以文会友,以友辅仁

朋有之间交往,不是整天吃吃喝喝,而是贵在互相鼓励,互相交流,甚至是患难与共,生死相许。《论语·子路》:"朋友切切偲偲。"朋友的交往,要能互相帮助、相互勉励,"以文会友,以友辅仁"。孔子曾说:"益者三友,损者三友。友直、友谅、友多闻，益矣！友便辟、友善柔、友便佞，损矣！"三种有益的朋友是正直的朋友、讲信用的朋友、博学多闻的朋友；三种有害的朋友是礼貌周到而不直爽的朋友、讨人喜欢而不诚实的朋友、说话漂亮而所知不多的朋友。有益的朋友，愈多愈好；有害的朋友，愈少愈好。

朋友之间交往，贵能以诚相待。"子以四教，文、行、忠、信。"孔子把"信"作为教学的重要内容。孔子说："人而无信，不知其可也。"又说："人之生也直，罔之生也幸而免。"可见孔子对诚信的重视。对"匿怨而友其人"的人，孔子是最痛恨的，因为这种人不诚实，而且阴狠可怕。

人以群分，好人必有好报

什么样的人交什么样的朋友，"一乡之善士，斯友一乡之善士；一国之善士，斯友一国之善士"。物以类聚，人以群分，好人当然跟好人在一起。

美国曼哈顿华尔道夫饭店的创立，有一个感人的故事。在一个风雨交加的夜晚，威廉·阿斯特老夫妇走进一家宾馆的大厅，希望住宿一个晚上，但已客满。服务生乔治·波特（George-Boldt）说："很抱歉，已经没有空房间，但是我今晚要值班，可不可以委屈您住在我的房间呢?"乔治·波特不知道这对老夫妻的身份,他只是很同情这对老夫妻没有地方住,愿意把自己的房间让出来。第二天,威廉先生要结账时,乔治仍在值班,他说:"您住的房间不是饭店的客房,我们不收您的钱,但愿您和夫人昨天睡得好。"威廉点头称谢。数年后,乔治收到威廉先生的挂号信,信中有到纽约的来回机票。乔治抵达曼哈顿,在第五道及34街口一座新建大楼见到了威廉先生。威廉先生说:"这是为你而盖的,希望你为我经营。"那座大楼就是现在的华尔道夫饭店。好心有好报,乔治的善心给他带来了好运。

有一个发生在台湾的故事,十分感人。一名从台湾南部到台北求学的大学生,因为家里条件不好,每天只能到自助餐店买一碗白米饭吃。自助餐店老板看出这位大学生的穷苦,每天在他的白米饭里免费加一些肉燥和一颗卤蛋,持续了一两年,直到这位学生大学毕业。过了很多年,这家自助餐店因为是违章建筑,要被政府强制拆除,自助餐店的老板为此愁眉不展;而当年他帮助过的大学生已经学有所成,成了一家大公司的总经理,主动要求自助餐店的老板到他的公司开设餐厅,顺利解决了自助餐店老板的困境。

乐多贤友

孔子说:"无友不如己者。"不是不要结交财富、地位、相貌、才智不如我们的人,而是不要结交品行不如我们的人,以免受其不好的影响,误入歧途。孔子说的"乐多贤友"是人生三乐之一。三人行,必有我师,每个人都有一些长处,也都有一些短处,我们要"见贤思齐焉,见不贤而内自省也"。别人的长处,我们要多学习;别人的短处,我们要警惕小心。

"乐多贤友",我们要想获得贤友,就先要使自己成为别人的贤友。现代社会非常的复杂,有些人为了保护自己,怕受伤害,不敢把友谊的手伸出去,所以也就没有友谊的手伸过来,先伸出友谊的手,才能接住友谊的手。我们把自己设限,别人也会自我设限,人与人不能互相信任,就会筑起一道很高的围墙。我们要享受友谊的芬芳,友情的滋润,首先要打开自己紧闭的心房。我们如何去对待朋友,朋友就会以同样的态度来对待我们。

有一首曲名叫"友情"的歌,歌词的开始是:"友情,人人都需要友情,不能孤独走向人生旅途。"在人生的路上,有朋友的相伴,才不会孤独寂寞。成功时,有朋友的掌声鼓励,失败时,有朋友的热情安慰,这正是友情的可贵之处。所以孔子说:"有朋自远方来,不亦乐乎!"如果是很久不见的朋友,更是难能可贵。

"君子之交，淡如水；小人之交，甘若醴。"人与人之间的交往，要保持适当的距离，太远了就不亲密，太近了又太腻。孔子说："朋友数，斯疏矣！"朋友之间，当然应该互相勉励，如果朋友犯错，也应该规劝，但是如果对朋友谏言太多，本意虽好，却会破坏感情，所以规劝朋友要采取合适的方法。

开卷有益

朋友像一本书，开卷有益，读书的好处，可以增广见闻、培养技能、陶冶性灵、提升气质。书海浩瀚，在各种图书中蕴藏着不同的知识和智能，走入书海的世界，我们一定会受益匪浅。交朋友的好处也是如此，广交好友，可以在我们的生命中增添许多丰富的色彩。

阅读省思：

1. 你喜欢广交朋友吗？
2. 你会主动去结识新朋友吗？

孔子的日常生活

我们一般人所理解的孔子,是伟大的思想家、伟大的圣人,是不苟言笑、不可侵犯的人。其实,孔子也是一位平凡的人,他和普通人一样要吃、喝、玩、乐、休息、睡觉。我们从《论语·乡党》篇中,可以略窥孔子日常生活的面貌。孔子是"生活达人",也是位美食家,他十分重视养生,生活很规律,饮食起居都很讲究。

孔子是"生活达人"

孔子在穿衣方面很讲究,《论语·乡党》篇说:"君子不以绀緅饰,红紫不以为亵服。当暑,袗绤绤,必表而出之。缁衣羔裘,素衣麑裘,黄衣狐裘。亵裘长,短右袂。必有寝衣,长一身有半。狐貉之厚以居。去丧无所不佩。非帷裳,必杀之。羔裘玄冠不以吊。吉月,必朝服而朝。"又:"齐,必有明衣,布。"孔子年幼的时候,家境贫困,当然没有条件讲究衣饰,"三十而立"之后,开始招收学生,生活条件已有改善,后来在朝为官,衣着更加体面,不同场合有不同的服饰。孔子基本上不把深青、深红做领口、袖口的滚边，不把红色、紫色做家居的衣服。夏天天热，穿葛布的单衣，里面必穿内衣。冬天天冷，外面穿黑上衣，里面配黑羊皮的袍子；穿白上衣，里面配白鹿皮的袍子；穿黄上衣，里面配黄狐皮的袍子。在家穿的皮袍要长，右边的袖子短，便于做事。盖的被子比身体长一倍半。狐貉的皮毛厚，用以做坐垫。丧服已除，任何饰物都可以佩戴。除了祭祀穿的用整幅布做的裙子外，其余的裙子一定要斜服缝制。不穿戴黑皮袍、黑色帽去吊丧。每月初一必穿朝服去上朝。斋戒沐浴时，要穿用布做的明亮的衣服。由此可见，孔子在穿着上非常讲究。

孔子注重饮食卫生

在饮食方面，孔子也是十分挑剔的。《论语·乡党》篇说："食不厌精，脍不厌细。食饐而餲，鱼馁而肉败，不食；色恶不食；臭恶不食；失饪不食；不时不食；割不正不食；不得其酱不食。肉虽多，不使胜食气。唯酒无量，不及乱。沽酒市脯不食。不撤姜食，不多食。祭于公，不宿肉。祭肉不出三日，出三日，不食矣。食不语。虽疏食菜羹，瓜祭，必斋如也。"米饭不嫌舂得精白，肉脍不嫌切得细。食粮放置过久，味道变了不吃；鱼类、肉类变味腐败了不吃；食物跟平常的颜色不同不吃。烹调不当不吃；不到吃饭的时候不吃。宰杀处理不当的肉不吃；没有适当的酱不吃。肉虽多，吃肉也不会超过吃主食。喝酒也有节制，不能喝醉。街上买来的酒、肉干，怕不干净不吃。桌上生姜不会撤走，但也不会多吃。帮助国君祭祀，分回来的祭肉，当天便分送给别人。祭肉存放不会超过三天，超过三天便不吃了。吃饭的时候不讲话。即使是粗饭、菜汤、瓜类，吃饭前也要祭祀，而且毕恭毕敬。孔子很注重饮食卫生，也非常重视养生之道，从来不吃太饱、不喝太多酒。

孔子对居住和出行很讲究

在住的方面，《论语·乡党》篇说："寝不言。"又说："席不正，不坐。""寝不尸，居不容。"孔子有良好的生活习惯，睡卧时侧身，而不是挺直四肢像死尸一样。平时在家里不刻意装扮仪容，另外的版本作"居不客"，可以理解为孔子平常家居，与家人相处自然和谐，不必像做客一样拘谨。《论语·述而》篇也说："子之燕居，申申如也，夭夭如也。"孔子平日闲居，容态舒适，神色愉快。

孔子的生活十分严谨，"席不正，不坐"。但是孔子也有轻松的一面，孔子喜欢唱歌，别人唱得好，他会请别人再唱一遍，再跟着和。不过，孔子如果当天参加丧礼，就不会再唱歌了。孔子也很会射箭、驾车，"君子无所争，必也射乎""富而可求也，虽执鞭之士，吾亦为之""吾何执？执御乎？执射乎？"驾车、射箭应是孔子平常最喜欢也是最擅长的活动。

孔子坐车时，"升车，必正立，执绥。车中，不内顾，不疾言，不亲指"。孔子上车，一定站得很端正，手拉住车上的绳索。坐在车内时，不回头看，不急促地讲话，不指东指西，个性十分拘谨。

孔子关爱他人

孔子是个很有爱心的人，家里的马棚着了火，他退朝回来，没有问马有没有烧伤，而是先问人有没有烧伤。"朋友死，无所归，曰：'于我殡。'"朋友死了，没有家族料理丧事，孔子就说由他料理所有丧葬的事。孔子参加乡人饮酒礼，一定要等到拄杖的老人都走了才离席。"见冕者与瞽者，虽亵，必以貌。凶服者式之。"看见戴着礼帽的人或盲人，即使跟他很熟悉，也要礼貌地对待；坐在车上，遇到穿丧服的人，就身体微俯，手扶着车前横木表示敬意。"子见齐衰者，冕衣裳者，与瞽者，见之，虽少必作，过之必趋。"如果看见穿丧服的人，穿带礼服礼帽的人，以及盲人，即使是年少的人，孔子也一定会站起来，如果是经过他们面前，一定是快步急走。"师冕见，及阶，子曰：阶也。及席，子曰：席也。皆坐，子告之曰：某在斯，某在斯。"一个盲人乐师去见孔子，走到台阶前，孔子说：这里是台阶。坐到座位前，孔子说：这是座位。大家坐定后，孔子逐一介绍，这是某人，那是某人。由此可见孔子的仁心、爱心与细心。

孔子在平实中表现伟大

孔子的伟大，从日常生活中就可以看出来，在衣、食、住、行，以及待人处事等方面，孔子都是非常平实、真实、亲切、有礼的，而不是高高在上，高不可攀。在平实中见其伟大，才是真正的伟大。子夏论君子之德，说："君子有三变，望之俨然，即之也温，听其言也厉。"这是对孔子最好的形容了。

阅读省思：

1. 你有哪些好的生活习惯？
2. 你的日常生活很有规律吗？

孔子的行政管理学

孔子不只是一位伟大的教育家，也是一位伟大的政治家，他曾经担任了三年的鲁国大司寇，实现了"夜不闭户，路不拾遗"。他在鲁国政治上有两个重大的表现，一是佐助鲁定公与齐国会于夹谷，以大义折服齐景公，送还齐国侵略的土地；另一件事是堕三都之议，削弱鲁国权臣的势力。后来，各诸侯国怕孔子参政，会使鲁国强盛起来，于是齐国使用美人计，使鲁国国君怠于政事。孔子失望地离开鲁国，在他 55 岁（鲁定公 12 年，公元前 497 年）的时候，带领学生周游列国，到了 68 岁时，才回到鲁国。

孔子主张法先王

孔子周游列国 14 年间，曾到过卫国、宋国、陈国、楚国、蔡国等国家，他入世之心很殷切，可惜当时的诸侯都在追求富国强兵之道，对于孔子主张的仁政、德政，并不认可。

有一天，孔子要从楚国到蔡国去，叫子路向二位楚国的隐士长沮、桀溺问路。桀溺问子路："你是谁？"子路回答是孔子的学生。桀溺说："滔滔者，天下皆是也。而谁以易之？"举世滔滔，谁能改变呢？他认为孔子的努力不会有成效。不过，卫国仪邑的封疆官吏见了孔子之后，对孔子的弟子们说："天下无道也久矣，天将以夫子为木铎。"孔子的辛苦，终于有人给予肯定、推崇。

孔子虽然没有长时间的执政经验，但是对于施政的原则、内涵、方法，有十分精辟的见解。就施政的原则而言，孔子主张法先王，以尧、舜、禹、汤、文武、周公为施政的榜样。孔子说："巍巍乎，舜、禹之有天下也。"又说："大哉尧之为君，惟天为大，唯尧则之。"又说："禹，吾无间然矣，菲饮食而致孝乎鬼神；恶衣服而致美乎黼冕，卑宫室而致力乎沟洫。"可见他对古代贤明帝王的推崇。

孔子说："周监于二代，郁郁乎文哉，吾从周。"子张问十世的政治可知吗。孔子回答说："殷因于夏礼，所损益可知也；周因于殷礼，所损益可知也。其后继周者，虽百世，可知也。"文化的传承，是代代相传，孔子推崇传统文化，并且以继承道统自许。"子畏于匡。曰：'文王既没，文不在兹乎？天之将丧斯文也；后死者不得与于斯文也，天之未丧斯文也，匡人其如予何？'"这显示了孔子对于继承道统的自信。

孔子主张以德服人

孔子在论述施政原则的时候，主张以德服人。孔子说："为政以德，譬如北辰，居其所而众星拱之。"又说："道之以政，齐之以刑，民免而无耻；道之以德，齐之以礼，有耻且格。"法治是从外表求得统一，重在制裁；德治则是从内心唤起良知，重在启发。道德的力量发自内心的约束，不须严刑峻法的戒令，就能收到很大的功效。法令的约制，只是令人口服而心不服，德行的影响才会令人心悦诚服。因此，孔子论施政的方法，首先就是要以身作则。季康子问政于孔子，孔子说："政者，正也，子帅以正，孰敢不正？""季康子患盗，问于孔子。孔子对曰：'苟子之不欲，虽赏之不窃。'"季康子担忧鲁国盗贼太多，孔子告诉他治本之道，只要自己能够清廉而不贪赃，人民自然知道廉耻而不会犯法。"季氏富于周公，而求也为之聚敛而附益之。子曰：'非吾徒也，小子鸣鼓而攻之可也。'"上有好者，下必甚焉！上梁不正下梁歪。季氏比周公还富有，难怪老百姓上行下效，会有很多盗窃的事。

孔子一再强调"其身正,不令而行;其身不正,虽令不从"。正己而后能正人,治理国家的人对百姓的影响,如风动而草偃。"君子之德风,小人之德草;草上之风,必偃。"季康子问政于孔子:"如杀无道,以就有道,何如?"孔子回答说:"子为政,焉用杀?子欲善而民善矣!"宽厚爱民也是施政的原则之一,宽则得众。为政之道,首在得民心,执政者有一颗宽厚的心,才能用贤、得众。

孔子论施政的内涵,见于《中庸》:"凡为天下有九经,曰:修身也,尊贤也,亲亲也,敬大臣也,体群臣也,子庶民也,来百工也,柔远人也,怀诸侯也。"为政在人,举用贤人与否,是施政成败的关键。哀公问政,孔子回答说:"举直错诸枉则民服,举枉错诸直,则民不服。"举用正直的贤人而远离邪枉的小人,百姓自然心悦诚服;反之,国君所用的都是小人,正直的贤人都得不到任用,百姓就不会服从。仲弓问政。孔子说:"先有司,赦小过,举贤才。"可见举用贤才是施政的重点。另外,也要能以身作则,而且对部属的小过错,要能宽容,不能求全责备。金无十足,人无十全,用人唯才,我们不能奢求别人没有缺点。

足食，足兵，民信之矣

子贡问政。孔子回答说："足食，足兵，民信之矣。"子贡说："如果不得已要去掉其中一项，要先去掉什么呢？"孔子说："去兵"，子贡说："如果还要再去掉一项呢？"孔子说："去食"，"自古皆有死，民无信不立。"治国之道，当然要有强大的武力，富足的民生，以及百姓对国家的信任，没有百姓的信任，政权就会垮台。"子适卫，冉有仆。子曰：'庶矣哉！'冉有曰：'既庶矣，又何加焉？'曰：'富之。'曰：'既富矣，又何加焉？'曰：'教之。'"孔子的施政理念，也非常重视教育，孔子说："以不教民战，是谓弃之。"又说："善人教民七年，亦可以即戎矣。"教育百姓，除了孝、悌、忠、信之外，务农、讲武之法也很重要。

尊五美，屏四恶

孔子施政的方法，一方面是"尊五美"，另一方面是"屏四恶"。何谓五美？孔子说："君子惠而不费，劳而不怨，欲而不贪，泰而不骄，威而不猛。"这五者是为政者应有的美德修养。何谓"四恶"？"不教而杀谓之虐，不戒视成谓之暴，慢令致期谓之贼；犹之与人也，出纳之吝谓之有司。"这四者是为政者应该戒除的恶政，苛政猛于虎，治理国家不能不慎。

阅读省思：

1. 你做事能够以身作则吗？
2. 你做事能够以德服人吗？

孔子的领导统御学

领导统御是管理学中的重要课题之一。在企业管理中，人是企业的核心，企业的成功靠人，企业的失败由人。人是最复杂的动物，人有自由的意志，有思考的能力，主管运用智慧和能力领导部属是非常不容易的。在传统社会，人际关系非常单纯，普通百姓过着简单而朴实的生活。所谓"领导统御学"，只限于君臣的关系。孔子对君臣关系的论述，以今人的眼光来看，应该扩大为领导、部属的关系。在今天的民主社会里，君臣的关系，并不是领导统御学所关注的唯一范畴。人类社会从早期的农渔业社会，迈入工商业时代，各种大大小小的组织、企业、公司，都有错综复杂的工作关系与人际关系。孔子的领导统御学虽然未必完全适用于今日，也不像现代东、西方管理学者立论的细密而周全，但是若干的思想，仍然千古不朽，有其亘古不灭的价值。

国君与大臣各安其位

齐景公问政于孔子,孔子回答说:"君君,臣臣,父父,子子。"齐景公向孔子问施政的道理,孔子回答说:"当国君要像国君的样子,当臣子要像臣子的样子,当父亲要像父亲的样子,当儿子要像儿子的样子。"人在天地间都有自己的角色,每个人最重要的就是要扮演好自己的角色,尽到自己应尽的责任,如果"君不君,臣不臣,父不父,子不子",就要天下大乱了。

那么什么是国君的角色、臣子的角色呢?鲁定公问君臣的关系时,孔子回答说:"君使臣以礼,臣事君以忠。"国君对待臣子,要宽宏有礼,尊重、关心、照顾臣属;臣子对待国君,要尽忠职守,忠于国,忠于君,忠于事。

以身作则

孔子说:"能以礼让为国乎,何有?不能以礼让为国,如礼何?"国君治理国家,必须做到礼让,不能只是虚有礼制、礼文。好的领导者,一定要能尊重部属,不管地位的高低,人人都应该互相尊重,以礼相待。另外,好的领导者要能宽待部属。孔子说:"居上不宽,为礼不敬,临丧不哀,吾何以观之哉?"又说:

"宽则得众。"可见对部属宽厚,是成为一名好的领导者必需的条件。一般人总是责己太宽,责人太严,不跟自己算计,而跟别人算计。领导者对待部属,要有一份包容接纳的心。部属的能力相对不足,所以才成为部属,而没有成为领导者,面对部属的经验不足、能力不足,以及无心的过失,领导者要以鼓励代替批评,以肯定代替指责,多给部属建立信心。孔子弟子仲弓问政,孔子说:"先有司,赦小过,举贤才。"一个好的领导者,贵在能以身作则,"先有司",在部属之前,率先而行,为民表率。不能只是用威权的命令要求下属,而要能够比下属更为尽责,树立榜样,令下属敬佩、效法。好的领导者能够以自己的努力表现,激发部属的荣誉感与责任心。

孔子说:"其身正,不令而行,其身不正,虽令不从。"季康子问政于孔子,孔子说:"政者,正也。子帅以正,孰敢不正?"季康子患盗,问于孔子。孔子说:"苟子之不欲,虽赏之不窃。"上有好者,下必甚矣!季康子爱财,地方当然就多窃盗。同样,孔子弟子冉求为季氏家臣,通过增税为季康子敛聚财富,孔子十分生气,认为冉有不是他的弟子,"小子鸣鼓而攻之可也"。

用人唯才

好的领导者要懂得举用贤才。仲弓问"焉知贤才而举之",孔子说:"举尔所知。尔所不知,人其舍诸?"意思是:举用你认识的贤才就可以了。对于你不知道的贤才,别人会舍弃而不推荐吗?鲁哀公问孔子:"何为则民服?"孔子回答说:"举直错诸枉,则民服;举枉错诸直,则民不服。"如果领导者身边都是正直的人,百姓就会信服;如果他身边都是邪枉的人,百姓就不会信服。

孔子的领导统御学,最重视领导者的个人修养。首先,领导者的态度要谦虚,不可恃才傲物,仗势欺人。孔子说:"如有周公之才之美,使骄且吝,其余不足观也已。"其次,领导者要能"敬事而信",敬事的态度是一个人成功立业很重要的条件,也就是负责的心;诚信更是立身处世的根本。再次,领导者要有远见,不可急功近利。子夏为莒父宰,问政,孔子说:"无欲速,无见小利。欲速则不达,见小利则大事不成。"做事要循序渐进,讲效率,讲方法。

为政在人

孔子对曾参说:"吾道一以贯之。"曾子说:"夫子之道,忠恕而已矣。""恕"就是将心比心,也就是推己及人的意思,一方面是"己立立人,己达达人",另一方面是"己所不欲,勿施于人"。好的领导者不只追求个人的成功,也要让部属有发展的空间;好的领导者要有勇于承担责任的勇气,不可推诿塞责。对于领导者来说,"民之所好,好之;民之所恶,恶之"。领导者要以民意为依归。

由此可见,孔子的领导统御学强调以人为本,"为政在人","其人存,则其政举;其人亡,则其政息"。领导者的领导风格,决定施政的成败。事在人为,有什么样的领导者就有什么样的施政风格。

注重人际沟通

良好的人际沟通能力,是领导者必备的条件之一。口吐毒蛇,或是口吐莲花,是沟通成败最大的因素。说话是一种习惯,有人习惯说温柔的话、客气的话、鼓励的话、关心的话,令人觉得很温馨、很亲切、很愉快、很感动。可是也有人喜欢挑毛病、喜欢抱怨、喜欢搬弄是非，老是觉得老天不公平，自己运气不好，见不得别人成功，说话尖酸刻薄，出口伤人，尽是说风凉的话、批评的话、讽刺的话、非理性的话，人见人怕，令人讨厌。

阅读省思：

1. 领导者最重要的是让部属信服，你是怎样理解这句话的呢？

2. 在日常的工作中，你能以身作则吗？

孔子的自得自足

孔子是个有远大理想和抱负的人,他不戚戚于贫贱,也不汲汲于富贵,他志在淑世,带领弟子周游列国十四年,可惜没有得到列国国君的重用。孔子虽然有"归与,归与""道不行,乘桴浮于海",以及"欲居九夷"的感叹,但是孔子的内心,一直坦坦荡荡,即使面临危难,孔子依然抱持热情的态度,"知其不可而为之"。如"畏于匡",匡人以为他是阳虎,围困了五天;"在陈绝粮",从者病,莫能兴。孔子回答子路:"君子固穷。"后来到了宋国,桓魋欲杀害孔子,孔子说:"天生德于予,桓魋其如予何?"

不知命,无以为君子

孔子说:"不知命,无以为君子。"人各有命,俗语说:"生死有命,富贵在天。"又说:"万般皆是命,半点不由人。"孔子罕言命、利与仁,孔子并不是个宿命论者,而是主张人要知命而不认命。人虽然是万物之灵，但也是万物之中的一分子，要顺应、服从自然规律。

有一天，孔子在河边上，看到水流不息，感叹生命的无常道："斯者如斯夫，不舍昼夜。"岁月不停留，时光不倒流，世事无常，难免令人兴起无限的惆怅和感怀。唐代大诗人李白斗酒诗百篇，《将进酒》诗中说："将进酒，君莫停。与君歌一曲，请君为我倾耳听。钟鼓馔玉不足贵，但愿长醉不用醒。古来圣贤皆寂寞，唯有饮者留其名。"李白是借酒浇愁，感慨生命的短暂和无常。他的《春夜宴从弟桃李园序》一文，明白地写着："夫天地者，万物之逆旅。光阴者，百代之过客。而浮生若梦，为欢几何？古人秉烛夜游，良有以也。"苏东坡《和子由渑池怀古》一诗也说："人生到处知何似？恰似飞鸿踏雪泥。泥上偶然留指爪，鸿飞那复计东西？"豁达的人乐天知命，通情达理，当面对无可奈何的人生时，他们选择勇敢承担，宽豁大度。

《悟空歌》："天也空，地也空，人生渺渺在其中。日也空，月也空，东升西坠为谁功？金也空，银也空，死后何曾在手中？妻也空，子也空，黄泉路上不相逢。权也空，名也空，转眼荒郊土一封。"的确，我们都是空手而来，也要空手而去，要泰然处之。

人生就是修行

没有能够回去的事,也没有过不去的事;只有过不去的心情,没有过不去的事情。人生就是修行,开心就能转运,有好心情就有好生活。放下对失败的抱怨,人生之路会更宽广。

孔子自述"三十而立,四十而不惑"。孔子在三十岁的时候,就能卓然自立,已经开始招收学生上课了。读书和教学,是孔子一生最快乐的事,"学而不厌,诲人不倦""发愤忘食,乐以忘忧,不知老之将至"。这都是孔子的自述。

孔子四十而不惑,孟子四十不动心。不动心,不是不去动心,而是心不为所动。不去动心,只是消极的态度;心不为所动,则是积极地面对,勇敢地承担。孔子的不惑,是不惑于人,不惑于物,不惑于事,气定神闲,从容不迫,明辨事理,该如何就如何,不该如何就不如何。

孔子五十而知天命。在中国,"天"有时指无意志的天,有时指有意志的天,前者是自然天道,后者为鬼神苍天。中国人对于天,不管是有意志的天,还是无意志的天,都心存敬畏。

儒家的天道观,有时是无意志的天,如《诗经·豳风·鸱鸮》:"迨天之未阴雨,彻彼桑土,绸缪牖户,今此下民,或敢侮予。"有时是有意志的天,如《尚书·秦誓》:"天降下民,作之君,作之师。"《中庸》:"天之生物,必因其材而笃焉。"

天行健,君子以自强不息

《易经·乾卦》:"天行健,君子以自强不息。"天道运行,循环不已,人要效法天道的刚健,自强不息,遇到任何困难挫折,要屡仆屡起,愈挫愈勇。人生有些事是可以自己选择、自己决定的,有些事是不能自己选择、不能自己决定的。我们不能选择父母,但是我们可以选择朋友、伴侣;名字是父母取的,名声是自己求的;身体是父母生的,成就是自己努力得来的。人生不能凡事顺心如意,但也不是完全无能为力,我们应该去做我们能做的事,而不必奢求我们做不到的事,凡事尽其在我,尽人事而后听天命。孟子说:"顺受其正",该如何就如何,不该如何就不如何。

君子自得自足,自得的人是活在自己生活里的人,做一个自己想做的人,就是自得的人。人生的痛苦,往往因为我们对外物、对别人有太多的依赖,而偏偏外物、别人都是自己不能掌握的变量。我们不能指望老天放晴,老天就放晴,指望老天下雨,老天就下雨，指望别人对我们好，别人就会对我们好。自得的人是能做自己生命主人的人，一个人对天地、对别人要求愈少，愈有尊严。

有钱的人不是真正的富有，真正的富者是自得、自足、自适、自乐的人，有钱的人可以买很贵重的东西，可以享受奢华的物质生活，可是未必能有高品质的生活。人生最大的快乐，不是来自物质的享受，而是来自精神上的愉悦自得。

自得自足，自强不息，这正是孔子教给我们的生活智慧。

阅读省思：

1. 你能在生活中自得其乐吗？
2. 你是个知命而不认命的人吗？

孔子的执着精神

孔子是个很执着的人,我们从孔子的自述、弟子对他的仰慕,以及时人对他的批评三方面,可以略窥一二。

孔子博学多闻,多才多艺

孔子自述:"吾十有五而志于学,三十而立,四十而不惑,五十而知天命,六十而耳顺,七十而从心所欲,不逾矩。"孔子享年七十三岁,他的一生,一直在从事政治与教育。作为一位伟大的教育家,他以身作则,好学不倦,十五岁立志于学,三十岁就开始招收学生。孔子说:"十室之邑,必有忠信如丘者也,不如丘之好学也。"孔子对自己的好学精神,十分自信。他说:"默而识之,学而不厌,诲人不倦,何有于我哉?"活到老,学到老,是孔子一生的写照,他曾自述:"加我数年,五十以学易,可以无大过矣。"

孔子博学多闻,多才多艺,而且非常谦虚。太宰问子贡:

"夫子圣者与，何其多能也。"孔子听到之后，说："吾少也贱，故多能鄙事。""吾不试，故艺。"孔子谦虚地说，因为不能为国家所用，所以才有空去学很多才艺。孔子说："苟有用我者，期月而已可也，三年有成。"孔子自述："君子病没世而名不称焉。"孔子有很远大的政治抱负，可惜不为时君所用，所有只得率领弟子周游列国十四年，晚年专心于学术的研究和教学的工作。"甚矣，吾衰也！久矣，吾不复梦见周公。"这是孔子晚年感叹不能承继周公之道。孔子伤道之不行，曾说："凤鸟不至，河不出图，吾已矣夫。"凤鸟至，河出图，是圣王瑞兆，既然凤鸟不至、河不出图，今世不会再有圣明的君王了，孔子为此而感到忧伤。

孔子求善贾而沽

虽然孔子一再说："人不知而不愠，不亦君子乎？""不患莫己知，求为可知也。""不患人之不己知，患不知人也。"但是，孔子仍然难免有"莫我知也夫"的感叹。有一天，他就对子贡说了这句话。子贡说："何为其莫知子也？"孔子说："不怨天，不尤人，下学而上达，知我者，其天乎！"孔子满腔的政治热情，没有机会表现，虽然说是"不怨天，不尤人"，但内心仍然是很苦闷的。"出则事公卿，入则事父兄，丧事不敢不勉，不为酒困，何有于我哉？"孔子对自己能够"出则事公卿"，是充满自信的。

子贡说："有美玉于斯，韫匵而藏诸？求善贾而沽诸？"子贡把孔子比喻为美玉，说孔子这块美玉是要藏在柜子里，还是要出售？孔子回答说："沽之哉！沽之哉！我待贾者也。"卖了吧！卖了吧！有好价钱就卖了吧！

仲尼，日月也，无得而逾焉

对于孔子的伟大，弟子们都极为推崇。颜渊说："仰之弥高，钻之弥坚，瞻之在前，忽焉在后。夫子循循然善诱人；博我以文，约我以礼，欲罢不能，既竭吾才，如有所立卓尔，虽欲从之，末由也已。"颜渊对孔子学问、道德的博大精神，极尽敬仰崇拜。"已经尽了才力，夫子之道依然卓立在眼前；想要跟上去，却跟不上。"描述非常深刻、形象。

卫国大夫问子贡："仲尼焉学？"子贡说："文武之道，未坠于地，在人。贤者识其大者，不贤者识其小者，莫不有文武之道焉。夫子焉不学，而亦何常师之有？"孔子的博学，除了承继文武之道外，无处不学、无时不学，并无常师。子贡说："夫子之墙数仞，不得其门而入，不见宗庙之美，百官之富。""他人之贤者，丘陵也，犹可逾也；仲尼，日月也，无得而逾焉。""夫子之不可及也，犹天之不可阶而升也。"子贡对孔子的颂扬，也是非常贴切真诚的。

天将以夫子为木铎

孔子的为人，在时人之中有不同的评价。仪封人请见孔子之后，对孔子的弟子们说："二三子何患于丧乎？天下之无道也久矣，天将以夫子为木铎。"木铎是古代施政者所振，以警民众，谓孔子之德，将如警世的木铎，垂教世人。

子路宿于石门，第二天一早进城，守门的人问他从哪里来，子路回答说："从孔子那里来。"守门的人一听，就说："是那个明知道不可作为还要有所为的人吗？"孔子自己也知道"道之不行"，但是认为"君臣之义，如之何其废之""君子之仕也，行其义"。他不愿意独善其身，不愿意只做乱世的隐者，而要能兼善天下。

隐者桀溺对子路说："滔滔者，天下皆是也，而谁以易之？"

举世滔滔，天下如此纷乱，谁能改变这种局势呢？子路把桀溺的话告诉孔子，孔子听了之后，十分感慨地说："人不可能跟山林里的鸟兽同群，我不跟世人生活在一起，跟谁在一起呢？天下如果太平的话，我也不必出来改变这局势了。"由此可见，孔子对自己的理想是很执着的。

孔子在卫国，有一天敲击一个石磬，一个挑着草筐子的人经过，听到孔子敲击石磬的声音，说："敲击石磬的人是个有心的人，可惜从硁硁然的声音听得出来，他的内心很固执。世人既然不赏识，那就算了吧！"这个挑着草筐子的人是一位隐士，虽然没见到孔子，只从孔子敲击石磬的声音，就知道孔子是个有心的人，而且怀才不遇。又有一天，孔子到楚国去，楚国一位隐士号称狂人接舆，故意唱着歌经过孔子的车前，"凤兮，凤兮，何德之衰？往者不可谏，来者犹可追。已而，已而，今之从政者殆而"。劝告孔子不必那么辛苦，"今之从政者殆而"，现在从政的人都很危险呀！

孔子所在的时代，天下纷扰，很多人选择做隐士，明哲保身，不问世事。孔子也知道天下无道久矣，却有勇往直前的精神,为了实现抱负、理想,"发愤忘食,乐以忘忧,不知老之将至"。强烈的使命感,使他"知其不可而为之",终于成为"万世师表""天之木铎"。

阅读省思:

1. 你有孔子义无反顾的精神吗?
2. 遇到困境时,你会不怨天、不尤人吗?